横浜改造計画2030

池田 純

横浜DeNAベイスターズ
初代球団社長

CYZO

はじめに

横浜市長選に巻き込まれたことへの憤り

プロ野球・横浜DeNAベイスターズの代表取締役社長を退任してから約5年。その後はベイスターズにも横浜にも何の関わりも持ってこなかった私が、なぜ今、横浜の街や市政をテーマにした本を書くのか。

それは、横浜市長選（2021年8月8日告示、22日投開票）が近づくなかで、「○千万円用意するから立候補の意志を固めてください」「ウチの政党に推薦させてほしい」「あなたの人生に関わることだから選挙への出馬を考え直してもらいたい」「池田はけしからん」「選挙への覚悟が足りない」「あと2ヶ月しかない」といった連絡が毎日のように届くようになったからです。私は政治家になりたいなんて思っていないし、私からは市長選についてなにひとつ言っていないのに、です。

「池田が横浜市長選に出るらしい」という噂が広まったことは今回が初めてではありません。私が横浜DeNAベイスターズの社長を退任した直後にも、今回と同じようなことがありました。

私は2011年12月に、横浜DeNAベイスターズの初代球団社長に就任しました。それから5年のあいだには、年間25億円近い赤字を生んでいた球団の黒字化に成功しています。

球団の再生と飛躍の過程では、友好的TOB（株式公開買付《かいつけ》）により、横浜スタジアムの運営会社である株式会社横浜スタジアムを連結子会社化しました。株式会社横浜DeNAベイスターズの球団社長の立場から、横浜の街づくりにも積極的に関与してきました。そして社長を退任したのが2016年10月でした。

翌年の2017年の1月には、現役引退をしたばかりの三浦大輔氏（現・横浜DeNAベイスターズ監督）と、神奈川新聞で対談を行いました。

その記事で私は、「横浜とはこれからどう関わっていくのか」という記者の質問に、「どこかでしっかり横浜に恩返しがしたい」と答えています。その「恩返し」という言葉を、「池田は市長選（今から4年前、2017年の前回市長選）に出るつもりだ」と勝手に解釈した人たちがいたのです。そして横浜の政財界ではもはや噂話レベルを超えて、大きな騒ぎになっていたようでした。

私の携帯電話には電話が山ほどかかってきて、なかには「俺の敵になるのか」と言ってきた人もいました。呼び出されたので何かと思えば、「お前、市長選には出ないって言え！」とどやすというか圧力をかけてきた人もいました。私が「そもそも出るなんて一言も言ってないですよ……」と答えると、「出ないと言わないってことは、出るってことか！」とさらに勝手に敵視されるわけです。

「これは一体なんなんだ？？？」と思いました。

当時の私は、「ハマスタで閑古鳥《かんこどり》の鳴いていた〝横浜ベイスターズ〟を、〝横浜DeNAベイスターズ〟として人気球団に再生させる」という濃厚な5年間の成果をあげ、球団社長を辞めて無職になったばかりでした。一種の放心状態で、身も心も空っぽでしたし、先のことはなにも考えられない状態でした。

突き詰めると「スポーツは政治」である

なぜ私が、そこまで市長の候補者として警戒されたのか。それは、私が横浜で取り組んできた「スポーツビジネスと街づくり」の仕事と実績が、突き詰めると市政運営でも通用するものだからでしょう。そしてそれが横浜の変化を望まない関係者にとって脅威になるからでしょう。

私が社長になる前のベイスターズは、横浜に関わるさまざまな人の顔を立てねばならず、街のしがらみでがんじがらめの状態でした。私は球団を再生させる過程で、癒《ゆ》着《ちゃく》と言ってもいいような地元の会社との関係を解消したこともありました。

そして友好的TOBを行った株式会社横浜スタジアムは、スタジアムに愛着を持ち続けてきた市民株主のほか、横浜市や地元企業も株主として名を連ねています。公知の通り、株式会社横浜スタジアムには100億円を超える預貯金や有価証券があり、利権と面子《メンツ》をめぐる複雑な人間模様もありました。

横浜スタジアムの買収のためには、人間関係の濃い「日本一のローカルタウン」である横浜の街で、地元の重鎮たちの合意を形成していく必要もあったわけです。

また後述するように、私は市民が中心になって民間の力で作ったハマスタ（横浜スタジアムの通称）の歴史を尊重し、買収を行う際は横浜市に仁義を切ることはしませんでした。その結果、私は当時の市の幹部に呼び出されて「汚《きた》ねえやり方しやがって」と怒鳴られたこともありました。

一方で、その幹部の人は、「こういうふうにあちこちのしがらみに配慮せずに、軋《あつ》轢《れき》や摩擦も恐れずに推し進めないと事態が動かないだろうな。確かにこの方法でしかベイスターズとハマスタの一体経営はありえなかったんだろうな」ということを、自分自身を納得させるかのように私に話したことも記憶しています。

そうした経験をするなかで、私は「結局スポーツもいきつくところは政治なんだな」と強く実感したわけです。

保身や卑怯《ひきょう》なやり方を認めない〝ストロングスタイル〟

今回の東京オリンピックも、まさに「結局スポーツは政治」の悪い面が現れています。元アスリートの人たちが組織のトップに立ってはいますが、その方々は純粋でまっすぐなのでしょう。しかし彼らには、偉い人に背いて混乱を引き起こしてまでものごとを根本から動かすような意志もその力もないということは、国民も今回よくわかってしまったと思います。

新型コロナウイルスの収束がいまだに見通せない日本の状況がありますし、海外から7〜8万人規模ともいわれる不特定多数の人々が東京周辺に一気に来日し、「お忍び」や「旅行」で日本各地に変異ウイルスをばら撒いていくかもしれません。その状況に漠然とした不安を感じている国民は多くいるでしょう。

そうした民意を無視して、偉い人たちはみな長いものに巻かれ、自身の立場や利権を守るために相互に忖度《そんたく》し、擁護し合っています。その中でも政治家が「一番偉い人」として君臨しているのは一目瞭然でしょう。

その結果、今の日本は「政治のためにオリンピックを開催しようとしている」としか国民の目には映らないのではないでしょうか。スポーツも政治の具であることが鮮明になったことは、未来のオリンピックはおろか、スポーツ界にとってもマイナスになるのではないかと心配でなりません。

日本の政財界を支配する、そのような「保身」と「しがらみ」と「忖度」が私は大嫌いです。私自身はそういう古い構造がはびこる政治の世界に関心はなく、「そんな構造などなくなってしまえばいい」と心の底から思っています。

今回の市長選でも私はまた政治に巻き込まれましたが、誰かにすり寄りたいとは思わないし、自分のことは自分で決めます。選挙に必要なお金のために、どこかの政党にからめ取られてしまうなんて真っ平ごめんです。

どんな仕事をするときも、保身や卑怯なやり方を認めない〝ストロングスタイル〟は今も変わりません。私は独立不羈《ふき》でありたいし、いつも是々非々でものごとを判断すべきだと思っていますし、自分の考えがブレないようにしたいと思います。そうしないと、保身としがらみにとらわれて、変革なんてできやしないと考えています。

なお、SNSなどで、「横浜市長になってください」「またベイスターズの社長に戻ってください」と声をかけられることは非常にありがたいと思っています。そういうことは、最近特に多いです。

DeNAを完全退社した私が、横浜DeNAベイスターズの社長に戻ることはありえません。ですが、「横浜の〝エンジン〟である横浜の街と政治が完全に〝復活〟することが、もう一度ベイスターズが復活する手助けになる」とは考えています。

横浜は私の生まれ育った街です。スポーツビジネスの域を超えて、人生をかけて私が街づくりに取り組むとしたら、その場所が横浜だと考えるのは当たり前です。

そこで、市長選に巻き込まれたのをよい機会と考え、横浜に生まれ、横浜ベイスターズを復活させた経営者であり、横浜を愛する私・池田純が、「横浜市民のみなさんと一緒になって、横浜の未来を考えるためのきっかけを作りたい」というのが本書を書いた目的です。

また本書では、横浜DeNAベイスターズ球団社長時代の仕事の裏側はもちろん、横浜の街づくりのことも書いています。これまでの企業再生の経験をもとにした市政改革案も、ざっくりとですが、多岐にわたって書きました。

ベイスターズファンの人や、日本の政治にウンザリしている人、自分の仕事で組織を変えたい人、横浜だけでなく日本中の街を楽しくしたい人にとっても、面白い内容になっているはずです。

本書の最後には、10年以上先の2030年以降の横浜の未来も見据えて「街をカッコよく、楽しくする、コロナ後の横浜復活のアイデア34」も紹介しています。横浜のカジノ構想は、偉い人やその周りにいる少数の人、それから特定の企業だけが潤う臭いがプンプンします。それに、カジノ構想は横浜の街の安全・安心へのリスクが大きいし、横浜の街としてのブランドイメージにカジノは似合わないです。

本書では、問題だらけのカジノ構想よりも、多くの人がワクワクできるアイデアを並べたつもりです。

横浜DeNAベイスターズの球団社長としての5年間もそうでしたが、組織の中に入って現場にどっぷりつかってみないとわからないのが「経営」です。「実現可能性があるか」とか、「政策としてどうか」ということはわきに置いて、思考の出発点となるアイデアを並べたとお考えください。

本書の発売に際しては、その告知を行うラッピングバスを、高級車一台分ぐらいの自費を投じて、横浜市内で走らせる予定です。本書が、横浜のみなさんと一緒に横浜の未来のことを考えるきっかけになってくれればうれしいです。

少しずつでいいから、より多くの横浜市民が未来の横浜のことを本当に考えるきっかけづくりを、本書ができるならうれしいです。私なりの勝手な横浜への恩返しを本書でさせてください。

私は非常識ギリギリで、賛否両論が巻き起こり、「考えてみれば、それも確かにありだな」と思えるような、「良質なトンデモアイデアで人を楽しませること」が大好きです。ベイスターズの再生も、ハマスタの買収をはじめとして、「そんなの無理だ」といわれるような挑戦からスタートしました。いくつもの突拍子もないアイデアを四六時中考え、その中から数多くを確実に実現させてきました。

球界や社会で許容されるレベルにアジャスト（調整）させて実現したものもあります。ＤｅＮＡ本社のいちばん偉い人からは「ブルドーザー」「武闘派」と言われていました。とあるクオリティペーパーの編集委員からつけられたアダ名は「変革フェチ」です。

私は別に、変革がしたいから変革するわけではありません。何もしなければ後の世代にまで悪い影響が及ぶような状態を放っておけないのです。多くの人が喜ぶ未来のために、変革を実行しないと気が済まないだけです。

本書は横浜市政に関係のない政治の素人《しろうと》が書いた、横浜の「改造計画」です。みんながワクワクする未来の横浜のための「横浜が横浜であるための完全復活論」です。しがらみも保身も必要ない素人だからこそ書けることは多いと思います。

繰り返しますが、私は政治家になんてなりたくもありません。しかし、横浜の街に対しては今も興味があり、愛もあります。そして今回の横浜市長選挙は、「10年後の横浜の未来がワクワクできるものになっているか、旧態依然としたしがらみと保身の構造がより強い街になっているか」の岐路となるものです。本書を通じて一人でも多くの人にそのことに気づいてもらえたらうれしいです。

目次

第2章 星川生まれ、いずみ野育ち

——けいゆう病院で誕生した私が横浜DeNAベイスターズの社長になるまで

人にはそれぞれ横浜で過ごした青春があり、横浜への愛がある／ハマスタ近くの「けいゆう病院」で生まれる／全国2位になった水泳漬けの日々／子どもの頃から変わらない「男の子」気質とストロングスタイル／横国大附属中の受験失敗と「ハングリータイガー」／相鉄ムービルで見た『ドラえもん』／藤沢へ引っ越し県下一のヤンキー中学へ／アテストで大奮闘し県立鎌倉高校へ／湘南乃風のリーダーとバイク免許を取得／水泳の道を断念し、次の夢は「社長」に／ボクシングとバスケとサーフィンに熱中／忘れられないポンセとパチョレック／単位が足りず留年の危機。補習で忙しく現役受験を断念／浪人時代は横浜のハンズ裏の河合塾へ／横浜のディスコ、ハイセンスな遊び場の思い出／オーストラリアで1年過ごし英語をマスター／茅ヶ崎で朝サーフィン後に通った住友商事時代／博報堂～独立を経てDeNAへ／自分の会社を立ち上げ、企業コンサルティングの仕事を手掛ける／「片道切符」で地元・横浜のベイスターズの社長に／初のハマスタ視察で見た中日の胴上げ

第3章

スポーツは横浜の都市経営にもっと活かせる

――横浜DeNAベイスターズで行った「スポーツを軸にした街づくり」

野球を主役から〝つまみ〟にパラダイムシフトして、スポーツの力で地域活性化／横浜の人間関係を知るため、経済界の人たちとも会うようにした／媚びるのではなく結果を見せて納得させる／社長就任当時の横浜は巨人ファンも多かった／100年以上さかのぼれる、ハマスタの土地と野球の歴史／ハマスタをフェンウェイ・パークのような存在に／ハマスタは横浜の魂のような場所／シカゴのリグレー・フィールドで見たハマスタと関内の理想像／横浜の真の中心「関内」が元気を取り戻したワケ／関内で行った街づくりと地域活性化／地域シンクロブランディングを行う／海と港の街に合わせてブランディング／子どもの「カッコいい」はバロメーター／72万人の子どもたちにベースボールキャップを配布／大人はきれいごとだけでは楽しめない――東京の社長たちのハマスタ接待／東京ドームに行って「水道橋を好きになる人」がいない理由／「1998年の優勝の記憶」で市民の心の琴線に触れる／コミュニティボールパーク化構想／ハマスタでは何をするにも行政に相談が必要／スタジアムとの一体経営ができたのは街づくりが市民から支持されたから／「汚ねえやり方しやがって」と怒られたが、根回しばかりしていたら行政は動かない／街づくりのために、歴史建造物を「THE BAYS」に

第4章

企業再生の手法で考える市政改革のための提言

経営の手法で横浜市政も変革すべき／経営とは、「いまある資源で、組織が自律的に回る状態を作る」こと／変革を成す人＝壊し屋ではない／中に入らないと、数字の意味も「何がムダか」もわからない／社外取締役や理事には組織を動かす力はない／全職員との面談で会社の空気や文化を把握／新しいリーダーが新しい行動規範を作れ／外部人材の投入で組織に健全な新陳代謝を／組織改革の「初期のミス」をあげつらうのは世の常／行政のミスを許せる世の中に／私がミスから学んだこと／役所の人事評価も能力・実績主義に近づけるべき／利権が絡みがちな地元企業への発注は詳しく精査／コストカット後の「新規事業の立ち上げ・成長」が企業再生の真髄／費用対効果を数値化したうえで事業を進めるかどうかを決める／行政と仕事をしてもストロングスタイルは変わらない

カバー写真　三浦太輔（go relax E more）
ヘア・メイク　遠田ひとみ

第1章

横浜の岐路——

おしゃれでカッコいい街にカジノは似合わない

しがらみと保身だらけの社会を一度リセットし、横浜から新時代を

時代や環境は大きく変わりました。新型コロナウイルスの感染拡大の影響で、世界のあり方も人の考え方も、これからますます大きく変わっていくでしょう。変化に取り残されないように、挑戦と失敗と進化を繰り返して、道を切り拓《ひら》いていかなければいけません。そのためには「力強いリーダー」が必要です。

横浜が変化と進化の時代にふさわしい街になるために、まず必要なのは率先垂範《すいはん》です。政治や横浜を司るリーダーから変わることで、「完全復活」への道を示さなくてはなりません。

本書のタイトルは『横浜改造計画２０３０』ですが、改造を実行するのは力強いリーダーです。「横浜改造計画」とうたいましたが、日本において、「完全復活」しなければいけないのは横浜だけではありません。

国政を見ていても、年配者が中心となって動かす国のあり方を続けるのでは明らかに限界に来ています。新しい時代にふさわしい都市や行政のシステムを、あらゆる街

で作っていかなければいけません。

今の日本は、「一部の偉い人が保身と面子と既得権益のために動いていて、その人たちに忖度すれば利権の一端にあずかれる社会」であるかのようです。一般生活者の一人である私の目にはそう映ります。そうした古い社会の裏側を、世の中の人たちはまるっとお見通しなのです。

私はきれいごとや建前論を並べ立てて、そうした「古い社会」を全否定するつもりはありません。私が取り組んできた企業再生や組織改革、行政がらみやムラ社会的な業界の仕事では、清濁《せいだく》をあわせ呑まないとものごとが進まない場面が確実にあるからです。ただ、世の中の多くの人たちが、社会のあまりの汚れっぷりに辟易《へきえき》していることも、一方で理解しています。

以前から、「政治はポピュリズム（大衆迎合主義）になってはいけない」という声を聞きます。ただ今の政治は、政府に近い大資本と偉い人の側だけで、ものごとを考えているかのような状況です。「大衆の意思や権利を尊重する」という意味でのポピュリズムにはまったくなっていない。

日本は民主主義社会なのですから、せめてもう少し民意が大切にされるべきだと私は思います。

日本は安倍政権から菅政権に変わり、より混沌としたカオスといえる状況になっています。政権与党から人の心が離れる一方で、それに対抗するだけの野党勢力も現れていません。

そのため今後の日本では、戦国時代とも呼べるような状況がしばらくは続くのではないかと思います。

私はしがらみと保身だらけの社会がどんどんリセットされていく国に、日本がなってもらいたいと常々思っています。そう考えて、私自身もいつも自分にしかできない変革の仕事に取りかかってきました。

うんざりすることがまかり通っているカオスから脱するためには、明治維新のような変革が今の時代、日本社会のいろいろなところで必要だと考えているからです。

そうした社会の新しい流れが、ここ横浜からもどんどん生まれてほしいと願っています。

今はカジノよりコロナだろ

横浜の街は、この国全体と同じような旧態依然とした流れの真っ只中にあります。そして「今のままで本当にいいんですか？」と思ってしまうような、象徴的なことが行われています。それがカジノを含む統合型リゾート（ＩＲ）の誘致構想です。

２００９年から横浜市長を務める林文子《ふみこ》さんは、第２次安倍政権下でカジノ合法化の論議が活発化するなかで、２０１４年初頭からＩＲ誘致に前向きな発言が目立つようになりました。それが２０１７年の市長選の前になると、ＩＲ誘致に対して「白紙の状態」と慎重な態度を表明し、３選を果たしています。

ところが２０１９年には、一転してＩＲ誘致を表明。二転三転する姿勢に対して市民からの批判の声が上がりましたし、その声は、横浜から離れていた私にも届き続けていました。

今年（２０２１年）８月の横浜市長選でも、カジノが重大な争点となっています。カジノは私から見ると、「横浜が、旧態依然とした時代の流れを打破できるのか？」

と問いかけたくなる問題の象徴のようになっています。変革の過渡期にある時代を象徴するような状況と言ってもいいかもしれません。

旧態依然としたシステムを守りたい側の陣営は、だからこそカジノから論点をずらそうとするでしょう。そうするために、有名な人気者や大物政治家を担ごうとするでしょう。私はそんな姿勢を眺めていて、「市民を馬鹿にしているのか」と思ってしまいます。

さらには、「カジノ以外にも都市経営と市政にはさまざまな論点がある」と主張したり、ワクチンなどコロナ対応の話にフォーカスしたりもするでしょう。そうやって別の話や嘘や、「横浜のカジノは白紙」みたいな言葉遊びでごまかされてしまうと、そのうちに横浜にはカジノができてしまうでしょう。

コロナの裏で、横浜の行政はカジノ構想の実現に向けて着々とものごとを進めています。本来なら、今はカジノがいいか悪いかなんてことはわきに置いておくべきでしょう。カジノの推進に使っている時間と人材があるのなら、「コロナ対策とワクチン接種、それに収束後の経済再生のための〝即効策〟の構築に使うべき」と私は思います。

繰り返しになりますが、今は横浜の民意がカジノについてきていないのが現状です。カジノでコロナ後の経済再生をするといっても、横浜市民の理解と納得を得るのは無理でしょう。

コロナ後の経済再生案を具体化し、それを市民にとって身近なレベルで行うことが喫緊の課題であるはずです。それなのに、「税収のため」という漠然とした理由でのカジノ導入は、民意が納得するものではまったくありません。カジノを導入しても、今コロナ禍で生活が苦しい人、これから困窮することが予想される人をすぐに助けることにはなりません。

各種世論調査の数字を見ても、世の中の人たちは今も新型コロナウイルス、とりわけ変異ウイルスへの感染の不安を感じており、政府のコロナ対策に不満を覚えています。幅広い年齢層へのワクチン接種は、諸外国の状況を見ても、まだしばらくは時間を要するでしょう。

今年（２０２１年）１月時点でのＮＨＫの世論調査では、新型コロナウイルスの感染拡大後も収入が変わっていない人は65・４パーセントでしたが、やや減っている人は20・8パーセント、大幅に減った人は9・5パーセントいました。大きな会社に所属している人は、まだ会社の制度に守られているでしょうが、これから収入が減る人はさらに増えるでしょう。

収入がどうなるか不安。どんな未来になるかわからない。一方でリーダーは未来へのビジョンを示さない。リーダーが透明性をもって情報を開示し、現状を説明して安心させる努力をしていない。そういうリーダーに誠実さを感じない。政治が民意を無視する。

リーダー不在と政治不信――。

だから将来に対して不安がいっぱいな人が多いわけです。

一部の人だけが利権にあずかれるような時代は終わりにしてください

横浜市政に関わる人々は、そうした世間の感情を理解しているのでしょうか。また、コロナ後の街の未来をしっかり見通せているのでしょうか。残念ながら、私にはそうは思えません。

カジノを推進するのなら、「カジノを作ることで、３７０万人超の横浜市民が目に見えて潤うようにする。横浜の子どもたちにも大事なものを残す」という覚悟を持っているのか。カジノ実現に向けて、裏でこっそりと推し進めている話がたまにニュースに出るのを見ていると、不信感を抱かざるを得ないのです。

ＩＲ実施法では、カジノ収入のうち事業者の取り分は70パーセントで、国が15パーセント、自治体が15パーセントの収入になるといわれています。横浜の収入はたった15パーセントです。

おそらく横浜市の中で一部の人はカジノの利権にあずかれるのでしょう。しかし、「一部の人だけが利権にあずかれるような時代は終わりにしなくてはいけない。そうしないと、政治と民意は今以上に離れてしまう」と私は言いたいのです。

そういう旧態依然としたやり方と政治の進め方が、コロナ禍における政治不信の根幹にあるのではないでしょうか。現に困っている人が山ほどいますし、これからもっと増えるでしょう。

ワクチン接種が進んだ後も、以前のように「みんながハッピーになるV字回復」が起こる可能性は低いでしょう。儲かるところは儲かる、そうでないところはそうではない、というデバイド（分断）が起こる可能性が高いと思います。

自分のことしか考えず、政治の世界の偉い人にコバンザメのようにくっついていく〝政商〟のような人たちがいます。そうやってお金を稼ぐ人たちが、デバイドを促進するようなことがコロナ後も続いていく可能性があります。これからも、経済界の一部と政治はそんな関係を続けていいのでしょうか。

今の世の中では、「政治家になりたい」と思う人がすっかり少なくなりました。まともな人ほど「政治家になりたい」などとは思わないでしょう。そんな世の中で、果たしてよいのでしょうか。

私はよくないと思います。そして、そんな世の中を変えることができるのも「政治」であることは間違いありません。

カジノより夢があって、もっと楽しいアイデアを考えろ！

近年の横浜の街に目を移すと、みなとみらいの開発は確かに進みました。でも、いくらあのエリアが発展しても、古くからある横浜の街全体が潤っているとは思えません。その状況は、横浜DeNAベイスターズの球団社長だった時代も同じでした。日なたと日陰の格差のようなものを随所に感じてきました。潤うのは大資本と、その周囲で利権の臭いを敏感にかぎ分けられる人たちばかりです。

カジノを含む統合型リゾート施設（IR）で、カジノの面積は建物床面積の3パーセント未満と閣議決定されています。しかし、カジノの利益が順調に出れば（ないしは利益が思うように出なければ）、面積の基準も変わるでしょう。

カジノ利権を得る見返りとして、ショッピングエリアやコンベンションホールなども一緒に整備されるでしょう。ただし、その整備を手掛ける主軸となるのは海外企業です。

しかし、そのような外国資本のカジノマネーに横浜の開発をゆだねていいのか、それを私たち横浜のプライドが許せるのか、という問題もあります。そこでは、莫大なお金が動きます。しかし地元にどれだけ広くお金が回るのでしょうか。

さらに、権力者に近い日本の大企業と、横浜の一部の企業が儲かるような利権もあるのでしょうが、横浜の街〝全体〟がいつまで経っても潤うことはないように私には思えます。

日本でのカジノ建設については、アメリカの前大統領であるドナルド・トランプが、自身の大口献金者であるラスベガス・サンズの日本参入を、安倍晋三首相（当時）に依頼したというニュースもありました。

しかしトランプが大統領を辞め、安倍さんも首相を辞めました。当初は7社に参入の意向があると報道されていた海外勢を含むカジノ会社の多くも、横浜の市場からの撤退を表明しました。今は2社のみが残っていますが、なぜこの2社のみになったのか？

コロナによってカジノビジネス自体の収益性も低下してしまったから、5社も撤退したということでしょうか。みなさんもそこはよく疑問視してみるといいと思います。

そのような状況でも、横浜市民にとって、横浜にカジノを作ることは大きな意義と意味があるのでしょうか。今はもうコロナ前とは状況が様変わりしているのですから、コロナ前の出来事や決まりごとなどは思い切ってゼロから見直すべきでしょう。横浜は横浜として、しっかり判断し直すべきだと思えてなりません。

私は税収の確保が自治体の運営において大事なのは重々わかっています。都市経営は税収の観点を含めてしっかり行うべきなのは当然です。

ただ、税収確保のためにカジノを作るという話を聞くと、「何でもっと夢があって楽しいアイデアから考え始めないのかな？」と思ってしまうのです。

後の章で詳しく書きますが、私は企業再生を何度も手掛けてきた人間です。民間企業にいたので、徹底したコスト削減のための視点を取り入れ、コスト削減のために経営に厳しくメスを入れる経験を幾度となくしました。

行政の何倍も厳しい姿勢で企業再生に取り組んできたので、「コストを削減できるところはたくさんあるはずだし、今ある資源や横浜の歴史を活かして、もっと面白い事業やモノゴトを立ち上げられるはずだ」と思うのです。

私は市民をガッカリさせるのではなく、ワクワクさせられる人に横浜市長になってもらいたいと思います。横浜はワクワクできる都市であってほしいと心から願っています。

「子どもに説明のつかないことはしない」政治を

プロスポーツの経営をし、横浜DeNAベイスターズの球団社長をやっていた身として、私は「子どもに説明のつかないことはしない」ということを一つの信条にしています。ですから、ギャンブルの扱いには慎重であるべきだと思っています。

日本にはすでに競馬や競艇もありますし、すでに世の中にあるものに対してこの場でとやかく言っても大した意味はないでしょう。

別にすべてのギャンブルがダメとは思いません。ただ、民意は無視できないし、無視すべきではないと思うのです。そこが一番引っかかるのです。民意は圧倒的に反対なのに、それでも無理やりやる、というのがそもそも説明がつかない。私はそう思います。

ギャンブルでの収益にこだわるなら、第5章で書いている根岸森林公園の競馬場の復活など、横浜の資源を活かした事業にしたほうがまだ民意を得られると思います。

いまや野球賭博は大問題ですし、賭け麻雀や賭けゴルフをすれば法を犯したことになり、逮捕される時代です。それなのに、なぜ新しい賭博であるカジノをわざわざ横浜に作るのか。

どうせ作るなら、完全な陸の孤島に作るのがいいでしょう。犯罪性の高いことが起こったら、完全にロックダウンできる場所に作るべきでしょう。

ちなみに、賭け麻雀で辞任した前検事長のことも、子どもにどう説明すればいいのか私はまったくわかりません。カジノが横浜でＯＫになって、高校生が新横浜から修学旅行に行く新幹線の中で、「トランプでバカラしようぜ！」と言い出したら、何と言って注意すればいいのでしょう。

「バカラは大人になってから横浜のカジノでやりなさい！」と言っても説得力がないですよね。そうなったら、もはや教育的指導も子どもたちの腹に落ちる説明も、満足にできなくなるのではないでしょうか。

最近、子どもに説明するのに窮することが、政治絡みであまりに多くて困ってしまいます。そんな世の中を象徴するかのように、カジノが横浜発で始まるのはいいことなのでしょうか。

横浜は発展のブルーオーシャン

「そもそも横浜とはどんな街なのか」についても、私の考えを書いておきます。

横浜はオシャレでカッコイイ街、ヤンチャなことをする人に対して寛容な街です。横浜は、広島から上京した矢沢永吉さんが、「ザ・ビートルズの出身のリヴァプールと同じ港町だったから」という理由で途中下車したとも言われ、音楽活動を始めた街としても有名です。横浜の経済界では、そんな永ちゃんと年齢の近い70～80代で、若い頃にヤンチャをしていた人たちが今もとても元気です。

その一方で、横浜では世代交代がうまく進んでいないという印象も受けます。球団社長時代から、そういう印象を持っていました。

球団社長を務めた35歳から40歳の5年間、ロータリークラブに所属しましたが、私一人だけが年が離れた若造でした。20代や30代の元気のいい若手経営者やＩＴ系企業も、横浜には少ないです。

東京のＩＴ企業で目立つような、40代から50代前半で、まさに次世代のリーダーというイメージで、強烈なリーダーシップがとれるような経営者もあまりいない印象です。しがらみにとらわれず、忖度などせず、遊びも大好きで、変革の実績があって、非連続に企業を成長させられるような経営者が、横浜にももっと多くいてもいいのではないでしょうか。

「昔の横浜は、東京の人がわざわざ夜遊びに来るようなイケてる街だった」と、70〜80代の元気なおじさまたちに、横浜ＤｅＮＡベイスターズの球団社長だった頃によく教えられました。でも、今の横浜はもうそうではないでしょう。

世代交代が進まないと、40代の私ですら、今の10代を見ていて、「スマホでＳＮＳやユーチューブばかり見ていて、外で元気に遊ばない子どもは何だか子どもらしくない」と感じてしまうように、世の中の潮流とのズレも拡大してしまう。世の中は変わり、次世代ではスマホをいつもいじっていることなんて当たり前ですよね。

それなのに、時代遅れの感覚のまま、古い価値観を上から押し付けるような社会であってはいけません。そんな街では、次世代が出る幕はありません。横浜をスルーして、東京に行ってしまいます。

しかし見方を変えれば、世代交代が進んでいないからこそ、横浜の街づくりは、まだまだ発展のブルーオーシャン（競争のない新たな市場）が無限に広がっているようにも私には感じられます。

横浜は「日本一カッコいい街」であるべき

私は「横浜は日本一カッコよくないとダメな街だ」と思っています。だからこそ、横浜DeNAベイスターズの社長時代は、横浜というカッコイイ街のイメージに合うように、広告からロゴやグッズ、スタジアムのあり方、流す音楽、すべてのデザインにも徹底的にこだわりました。ホームページのキャッチコピーから文章まで、一つ一つ考え抜きました。

子どもを対象にしたさまざまなイベントを企画し、実施してきたのも、子を持つ親として、「子どもにカッコイイと思われる生きざま」を見せてあげたいと思ったからです。私は横浜という街で生まれ育ち、さまざまな遊びとスポーツ、カルチャーに触れるなかで、「子どもを楽しませて、夢を見せられる大人はカッコいい」と感じてきましたし、そんな大人に憧れていました。

大谷翔平選手がカッコ悪かったら、大谷翔平じゃないですよね。日本で活躍しただけでなくアメリカのMLBに行っても、二刀流で見事な活躍を見せています。「生きざまがカッコイイ」から、アジア人なのにMLBでも愛されちゃう、みたいなのがとってもカッコイイんですよね。

横浜もそれと同じだと思います。日本でナンバー1の街だから、新しい流れは横浜がつくらなければいけない。だから私は、横浜の市政のリーダーも、リーダーの生きざまも、カッコよくあってもらいたいと思っています。

それが、ただ名前が有名なだけの客寄せパンダならぬ〝票寄せパンダ〟的な、経営の素人だったり、何の実績をあげているのかもよくわからない人だったり、七三分けにスーツのような〝ザ・政治家〟だったりする人が、次の市長になったらどうなるか。

このあと12年間（市長は任期4年ですが、次の市長は次の横浜や政治を背負うからには3期くらいは続けるでしょう）の横浜はどうなってしまうのでしょう。その12年間のうちに、横浜はカッコ悪い街になってしまうかもしれません。

若い人が、カッコイイ街のカッコイイリーダーとして、仕事や変革ができる街。若いリーダーの姿を見ているだけでも横浜370万人の市民が元気になってしまうような街。さらに政治の面でも新しい流れを生み出せる街——。

横浜にはそうあってほしいと私は思います。

「みんなが自分ごと」で考える街・横浜と、その象徴としてのハマスタ

横浜は人が強烈です。私がここ数年、スポーツビジネスの仕事で訪れていたさいたま市では、「街のものごとを自分ごととして考えてくれる強烈な人」が少ないという印象です。一方、横浜の人は自分ごと感がとにかく強い。

よくも悪くも街のことに対してうるさいし、私が横浜DeNAベイスターズの社長をしていた時期も、街のいろんな人からベイスターズに対する意見や文句をいただきました。それはとてもうれしいことでした。

そんな横浜を象徴する存在が横浜スタジアムです。

書籍『横浜スタジアム物語』（山下誠通著）と、故鶴岡博さん（横浜スタジアム開設に尽力し、横浜のジャズ文化の発展にも貢献した実業家）からよく聞いていた話によると、川崎市に本拠地を置いていた大洋ホエールズが、横浜公園平和野球場の改築を条件に横浜市への移転を計画したとき、最初に融資を表明したのは西武王国を率いる国土計画社長の堤義明さんでした。

その動きに対し、「それじゃ横浜のスタジアムにならない。横浜のことは横浜でやる」と考えて、横浜青年会議所の鶴岡博さんたちが、横浜の街中を回ってオーナーズシートの提供を条件に出資を集めました。資本金20億円を調達し、その後にテレビ局や地元の銀行などの参入もあって、1978年のこけら落としにこぎ着けたのが現在の横浜スタジアムです。

そうやって建設した横浜スタジアムを横浜市に寄贈し、株式会社横浜スタジアムが生まれました。その見返りで、ハマスタの運営権が、株式会社横浜スタジアムに与えられたのです。

「自分たちの街のことは自分たちでやる」という気概と魂がこの街にはあるのです。

「総理ですら旅人。俺らは村人」という財界重鎮の言葉

そんな横浜は「日本一のローカルタウン」です。市民たちの地元意識というか「横浜愛」が非常に強いです。「江戸っ子は3代住んで江戸っ子、ハマっ子は3日住めばハマっ子」という言葉がありますが、実はそう簡単にハマっ子と認めてもらえるわけではありません。

私は横浜生まれで、横浜の小学校を卒業し、横浜で青春を過ごした人間ですが、横浜DeNAベイスターズの社長に就任した直後は、地元の政財界の人たちにはまともに接してもらえませんでした。当時はDeNAという会社の認知度もまったくといっ

ていいほどなかったこともあり、私についてよく言われていたのは、「東京のよくわからないＩＴの会社から来た若造社長」という表現でした。

地元の仲間内での会合や、地元企業の冠婚葬祭で声がかかるようになったのは就任3年目の頃からです。また横浜の経済界のとある重鎮は、「菅さん（菅義偉《よしひで》首相）は旅人で、俺らは村人。菅さんは秋田の人だから」と言っていました。元横浜市議で地元選挙区の総理大臣ですら、「横浜の人」と全面的に認めないような気概のある街なのか……と思ってしまいますよね。

それほど、誇りの高い街なのだということは、ベイスターズの球団社長時代の5年間を通して、私自身も実感してきました。

横浜の経済界には「ここは日本一の街だ」という意識の人が多くいます。街に対してプライドを持っている人が非常に多いということを感じてきました。

大きな会社の支店長や支社長ですら、「鳥族」（ひととき横浜に来て東京の本社に戻り、また別の人が横浜に来ることを渡り鳥と表現している）と言われていたりします。「村人」として認められるのは本当に難しいのです。

そして横浜市は面積が広いうえに、横浜市内にはさまざまな特性を持つ町がありま す。多くの人が「横浜」と聞いて想像するのは、横浜駅や横浜ランドマークタワーなどのある西区、横浜スタジアムや中華街のある中区でしょう。

しかし私が生まれ育った郊外の新興住宅地の泉区のような場所も、全部で18区ある横浜市の一部です。横浜市とは、東京にたとえるなら、八王子などの多摩地域までも東京23区に含まれているようなイメージでしょうか。

そして泉区で生まれ育った私にも、西区や中区などの横浜中心部の街の思い出があり、そこで過ごした青春の記憶が鮮明にあります。横浜市民が遊ぶ場所や買い物に出る場所は横浜の中心部です。だから市域が広くてもみんなが横浜愛を持っているのだと思います。

行政が地域に関わる事業やものごとにしっかり取り組み、まとめ役としてリードし、街の人が賛同したり、民意が正しく受け止められれば、事業やものごとが動いていくスピードはとにかく早い。

たとえば横浜では、1964年東京オリンピックのバレーボールの予選や、クイーン、ＢＯØＷＹ、美空ひばりなどのコンサートで使われた横浜文体（横浜文化体育館）の再整備が決まったあと、隣接する学校跡地にサブアリーナの横浜武道館がすぐに竣工しました。

横浜はそれだけのパワーがある街なので、過去にもさまざまな施設が造られてきました。今も歴史的建造物やその遺構が数多く残っています。

またスポーツチームも生まれやすく、スポーツも盛んな土地柄です。サッカーではＪリーグの開幕時に横浜マリノス、横浜フリューゲルスという二つのチームがすでにありました。横浜フリューゲルスが統合というか消滅した後には、横浜ＦＣというチームが生まれました。その横浜ＦＣも今やしっかり大きくなりました。さらにＪ３には、中区本牧に拠点を置くＪ３のクラブ「Ｙ.Ｓ.Ｃ.Ｃ.横浜（横浜スポーツ＆カルチャークラブ）」もあります。

バスケットボールでも、横浜ビー・コルセアーズというＢ１リーグのチームがあるだけでなく、来年（２０２２年）からは現在３部リーグの東京エクセレンスが横浜に移転してきます。

さらには、卓球のチームもあれば、アイスホッケーのチームもあり、プロスポーツだけを見ても非常に魅力的な環境が整っています。こうしたスポーツチームの存在は、横浜という街の持つポテンシャルの高さの象徴になっています。スポーツを教育に活かす取り組みについては、無限のブルーオーシャンが広がっていると感じますし、もちろん街づくりや都市経営の面でも巨大な成長の可能性がこの街には秘められています。

本当は横浜を変えたい人が政財界にもいる

ただ、横浜のような大都市では、商売が大きくなれば利権やしがらみが自然と生まれます。次第にそれにがんじがらめになっていく人は多いですし、街を変えるような新しい動きが生まれても、実はそれが見えないところで阻害されていたりもします。

たとえば私が横浜DeNAベイスターズの社長としてハマスタを買収したとき、私自身は当時まったく利害関係がなかったので、特に何の悪気もありませんでした。ところが街の重鎮の一人の方が、買収の前にも後にも相談がなかったからといって、面子を潰されて怒っているという話は今でも耳にします。

正直私には寝耳に水でした。私自身はその重鎮の方を尊敬していますが、今でも私の名前が出ると「池田はダメだ！　イカン！」という反応をされると聞きます。私としては、ものすごく寂しい気持ちになります。

私が横浜でのしがらみを一番強く感じたのは、横浜ＤｅＮＡベイスターズの社長を退任したときでした。私は社長としてベイスターズを再生させ、ハマスタの買収にも成功しました。その行動を間近で見てきた横浜の政財界の人たちは、私の今後の動きを勝手に勘ぐって警戒しました。それで、先述のように「市長選に出るな」「お前は俺と戦うことになるのか」などと言ってきたわけです。

街の重鎮が私の行動に怒っているという話は、すぐに横浜のみなさんの知るところとなったのでしょう。「池田と付き合っていると危ない」と判断され、私と距離を置くようになった横浜の人がたくさんいました。

私がベイスターズの社長を辞めてから、横浜の政財界の関係者で定期的に会う人はほとんどいなくなりました。「人ってそんなもんだよな」と感じたりもします。

横浜の政財界には、そうしたしがらみのなかで仕事を続けている人たちもそれなりに多くいるのでしょう。その「持ちつ持たれつ」の世界からはじき出されるのが怖いという気持ちは私にも理解できないことはありません。

でも、だからこそ、保身やしがらみや忖度にとらわれずに、是々非々でものごとを判断し、仕事に誠実に取り組める、新たなリーダーが必要なのです。

横浜の政財界には、「実は今までのようなやり方はよくないと思っている」「俺も本当は横浜をこうしていきたい」といった意見や意思を持っている人もいます。ただ、人前ではその思いを口に出しません。

そうした忸怩《じくじ》たる思いを抱えている人は、個人としては横浜を変える力を持っていません。だからこそ、しがらみの中にい続けるわけです。

私にそうした本音を話してくれる人が出てきたのも、横浜DeNAベイスターズの社長になって5年が経った頃でした。横浜の中には、しがらみと保身にとらわれた横浜が変わることを望んでいる人も実はいるということです。

一方で、横浜の政財界の中心にいて、すでに偉くなっている方々の大半は、横浜が変わることを望んでいないのかもしれません。だからこそ、今回の市長選は横浜にとって大きな大きな分かれ道になると思います。

横浜にも渋沢栄一が唱えた「合本主義」を

横浜が本当に復活できるか。それとも旧態依然とした、しがらみと保身の構造が今以上に強くなってしまうか。本来のカッコよくてヤンチャな横浜が〝完全復活〟するか、いや、しないのか。

旧態依然とした構造が今より強固になれば、横浜は尖った考えを持った人は今以上に出てこられなくなるでしょう。

横浜は偉い人への忖度が渦巻く、「お金持ちのための村」のような分断を感じさせる街になるでしょう。もっと悪くいえば、「どうやったらその村の一員でい続けられるか」ばかりを考え、保身に走り既得権益にまみれたカッコ悪い大人が牛耳るような街になってしまうのかもしれません。

横浜は今、街としてカッコよくいられるかどうかの瀬戸際にいると私は思います。みなとみらいが大きく発展した今の街にも、巨大な大資本によって造られた街なりのカッコよさはあります。しかし、その結果として並んでいるのは大型商業施設ばかりです。

新しい飲食店もおおかたは大資本がらみですし、同じようなテイストのものが次々にできている印象があります。

横浜発で、横浜の魂のこもった施設や飲食店などは最近みなとみらい界隈では見られない、という印象を私は抱いています。

ニューヨークやポートランドやシドニーやメルボルンやパリのように、大小多様な資本とテイストが融合された街、いわゆる「多様性を街自体が醸し出している、オシャレでカッコイイ街」であればいいのですが、そうではないように私の目には映るのです。昔のように、高島屋や岡田屋、シァルやそごうがあった横浜ではなく、もっともっと大きな施設ばかりが増え、どんどん大資本の施設ばかりになっている、という印象です。

いま横浜に必要なのは、大河ドラマで話題の渋沢栄一が唱えた「合本《がっぽん》主義」のような考え方ではないでしょうか。「合本主義」とは、私の解釈では、大資本の力だけを頼りにするのではなく、志を同じくする人たちが集まり、小さな資本をも結集させて、一つの目標を達成していこうとするような考え方です。

つまり、今の言葉でいえばＳＤＧｓ（Sustainable Development Goalsの略。持続可能な開発目標）にも合っている考え方です。古き良き横浜と新しい横浜が融合した、持続可能な社会のあり方を目指せる考え方です。

カジノができればカジノで楽しい思いをする人もいるでしょう。しかし、それはごく一部の市民だけ。みんなが楽しめる施設ではないですし、子どもにはカジノはまったく関係のない話でしょう。

今のままのカジノ構想が実現すれば、横浜全体が、みんなが楽しめる街から、古き良き横浜を無視する、大資本偏重の象徴のような街になってしまうかもしれません。

多様な人がいて多様な店が集まり、新しいものも古いものもある街。多様性を活かし、みんなで利益を享受できる街。さらに利益を享受したい人はもっと頑張って、もっと多くの利益を得られる街。

子どもたちが大人になったとき、「俺、あそこで遊んでたんだ」と自慢できるような街。多様性があり、持続可能で、老若男女多くの人が楽しめる街。古いものと新しいものが融合した、普遍的でオシャレでカッコイイ街。横浜をそういう街として復活させ、進化・成長させていかなければいけません。

ベイスターズは「ワクワクしないチーム」になってはいけない

ベイスターズの社長を辞めるとき、ある優秀な新聞記者の方に「池田さんが辞めると横浜ＤｅＮＡベイスターズが普通の球団になっちゃうと思うんですよね」と言われました。

それでもこの5年ほどのあいだも、ベイスターズは横浜に元気を与え、ワクワクさせる存在として、独自の成長を続けてくれたと思っています。多くの横浜市民からそう評価されていると信じています。

ベイスターズのチームもこの5年、高田繁さん（前GM）や吉田孝司《たかし》さん（前編成・スカウト部長）をはじめとして、野球人たちが作り上げてきたものが花開いてきました。一方で、もう離れてしまった私としては、「そろそろ優勝していてもいいのに……」と、心の奥底では期待し続ける気持ちもあります。

でも、正直にいえば、横浜DeNAベイスターズがまったく新しい取り組みをしているというニュースを最近、見聞きすることはなくなったように感じます。ベイスターズは「ワクワクしないチーム」に絶対になってしまってはいけません。万年Bクラスで、スタジアムは閑古鳥だった10年前の暗黒時代に戻るようなことがあってはなりません。

三浦大輔監督は気配りができる優しい人です。しかし、以前のように「いるだけで緊張感を与えるような存在」がフロントとチームの中に今また必要なのかもしれません。自由な雰囲気のなかにあっても、結果に厳しいプロの意識を全員に片時たりとも忘れさせないような存在です。

なお社長を退任したあとのこの5年間は、チームもフロントも含め、球団の中のことをまったく知らないので、ここに書いたことはあくまで外から見て感じた印象です。

横浜のプロ野球チームである横浜ＤｅＮＡベイスターズは「東京の読売ジャイアンツを倒してやる」という、強いものに必死に立ち向かう姿勢が横浜市民の心を打つようなチームであり続けなければなりません。「のび太が必死になってジャイアンに挑みかかるような姿勢が見たい」という横浜市民も多いと思います。

「ベイスターズに戻ってきてください」「フロントを改革し直してください」という声が、私のもとには数多く届きます。

でも私はもうＤｅＮＡの人間ではありません。退任後は「ベイスターズの功労者として扱います」という言葉をいただいたこともありました。しかし、球団の公式行事やイベントなどに誘いの声をいただいたことは一切ありません。

ですから、横浜ＤｅＮＡベイスターズの社長に復帰することは１００パーセントないでしょう。ただ、私が社長に復帰しなくても、横浜の街がよい方向に変わっていき、横浜自体が完全復活できれば、ベイスターズも再度復活を遂げなくてはならなくなるはずです。横浜の街にふさわしい、カッコイイ存在に、もう一度ならなければいけません。

復活を遂げられないなら、横浜市にベイスターズを買収してもらって、本当の市民球団になってもいいのかもしれません。そんなことができるかどうかはわかりませんが、横浜のみんなでベイスターズを再生させ、横浜の税収の一部を担ってくれるぐらいに地域に密着した存在になってもらうのもありだと思っています。

「誠実な仕事」で横浜の市政に新しい流れを

私は世の中を楽しませたいし、今の世の中に新しい流れを作り出したいと思っています。それも「仕事に対する誠実さ」に一点集中することで、新しい流れを作り出すのです。

人それぞれ、「正義とは何か」が違うので、私のやり方は他の人から見ると間違っていると思われるかもしれません。世の中には違う「正義」があっていいと思います。

私は人の正義を否定するつもりはありません。

政権や偉い人たちにも、「正義」が必ずあるのだと思います。横浜市のカジノ構想も、関係者たちなりに税収等を考えて、構想を進める結論になっているのだと思います。

でも私は、カジノ以外のメソッドを持っている人が市長になるのがいいと思います。行政の現場に入って、仕事に向き合うなかで、溢れるくらいにアイデアが湧いて出てくるような、若くて、苦労を厭《いと》わない人がいいと思います。

経営者として実績を上げている人が、その経営手法を活かし、適切なコストカットを行ったうえで、横浜の資源を活かした新しい事業を立ち上げられるようなアイデアがいくらでも出てくるような人が市長になるべきだと私は思います。

市長は「子どもに説明できないことをしない」人であり、「保身としがらみとは無縁で、ものごとを是々非々で判断できる人」であり、「世の中のいろいろな人をワクワクさせる人」であってほしい。

横浜のあまたある歴史や文化の〝経営資源〟をフル活用し、エンターテインメントやスポーツの力も借りて、横浜市の人たちをワクワクさせるほうが、カジノを作るよりも横浜の街は楽しくなっていくでしょう。そして、「日本一のオシャレでカッコイイ街」の復活も可能なはずです。

第2章

星川生まれ、いずみ野育ち

けいゆう病院で誕生した私が横浜DeNAベイスターズの社長になるまで

人にはそれぞれ横浜で過ごした青春があり、横浜への愛がある

本章では横浜で生まれ、横浜で青春時代の多くを過ごした僕が、横浜DeNAベイスターズの社長になるまでの半生を書いていきます。

スポーツやサーフィンに熱中し、勉強よりも遊ぶことが好き。まったく優等生ではないですし、どちらかというと、腕白《わんぱく》な子ども時代と青春時代を過ごしました。そんな僕ですが、期せずして横浜らしい〝ヤンチャ〟な生き方をしてきたといえるかもしれません。

僕が横浜で育ったこと、横浜に強い愛着を持っていたことは、横浜DeNAベイスターズの社長に就任する大きな動機の一つになりました。また、球団社長時代に行った街づくりや、横浜の人とハマっ子の記憶に残り、琴線《きんせん》に触れるような企画・イベントも、横浜を知っている人間だからこそ実現できたと思っています。

なお横浜市の市域面積は437・4キロ平方メートル。この面積は隣の川崎市の約3倍で、大阪府大阪市の約2倍の広さです。

僕は１９７６年、そんな横浜の東部の保土ヶ谷区の星川に両親が住んでいたときに、今はみなとみらいに移転した「警友《けいゆう》病院」で生まれました。横浜スタジアムができたのが１９７８年ですから、私が生まれた頃はまだ横浜公園に平和球場（正式名称：横浜公園平和野球場）があったのでしょうか。

当時、警友病院は中区山下町にありました。父親の転勤でいったん北海道函館市に引っ越しましたが、小学校３年生からは横浜市の西側の端にある泉区（当時は戸塚区和泉町）のいずみ野で育ちました。当時のいずみ野は相鉄線《そうてつせん》の終着駅でした。駅前においても養鶏場や養豚場のニオイが漂う田舎でした。

そんな横浜の18区のうちの一つで育ち、その後は藤沢市に引っ越し、鎌倉市の高校に通いました。そんな僕も、いつも遊びに出かける先は横浜の中心部でした。川崎あたりに住んでいる人なら、東京に出て遊ぶことが多いはずですが、横浜市民と横浜以南の湘南などに住む人たちの多くは東京にはあまり積極的に出かけなかったようです。

多くの人は横浜に集まる傾向があります。だから本当に多くの人が横浜の思い出と横浜への愛着を持っています。

家族で氷川丸《ひかわまる》に乗ったとか、野毛山動物園でラクダやキリンを見たとか、一人ひとりの市民に横浜の思い出があるはずです。中華街では四五六《シゴロ》菜館によく行ったとか、ジム・パチョレック（1988～1991年に横浜大洋ホエールズに所属）のガムの噛み方がカッコよかったとか、初めてのデートの待ち合わせはシァル下（シァルのエスカレーターの下）だったなどの横浜の思い出があるのではないでしょうか。

ハマスタ近くの「けいゆう病院」で生まれる

先ほども述べましたが、僕が生まれたのは横浜市のけいゆう病院、当時の名前は警友病院でした。生年月日は1976年（昭和51年）1月23日。前述の通り、現在のけいゆう病院はみなとみらいの一角にありますが、当時はハマスタがある横浜公園のすぐ近くにありました。

両親は星川の団地に住んでいたので、僕の本籍は横浜市保土ケ谷区の星川になります。一般的なサラリーマン世帯の、どこにでもある、ごく普通の家庭で僕は育ちました。

ただ、星川に住んでいた頃の記憶はありません。生まれて1年も経たないうちに父が函館に転勤になり、家族で函館に引っ越したからです。それから小学校2年生までは函館で育ちました。

当時の函館は今以上に雪が積もるところで、冬場はミニスキーで学校に通うことも多くありました。家の近くには甲子園常連校の函館大有斗《ゆうと》があり、野球部の練習をよく見にいきました。野球部のお兄さんたちにかわいがってもらっていたので、小学校2年生の頃に少年野球のチームにも入りました。

その前から取り組んでいたスポーツが、幼稚園の頃に始めた水泳です。小2の頃には青函連絡船で青森まで遠征して、大会にも出場しました。ただ、自分の意志が芽生え、自分からやりたいと懇願して始めたのは野球だったので、少年野球のチームに入れたことがとてもうれしかったのを覚えています。

ところが、その喜びも束の間、少年野球を始めた直後に、父親がまた転勤になりました。それで小2の終わりには横浜に戻り、今度は相鉄線（相模鉄道）のいずみ野駅近くのグリーンハイムという巨大な団地に引っ越しました。

現在のいずみ野は泉区ですが、引っ越してきた当時は戸塚区で、戸塚区和泉町いずみ野でした。小学生の頃（１９８６年）に戸塚区が３つに分割され、泉区になったのを覚えています。

漢字の「わいずみ」で和泉だったり、泉の漢字一文字でいずみだったり、平仮名と漢字でいずみ野だったりと、ややこしいですよね。小学生の僕は、泉を先に書くのが正しいのか、和を先に書くのが正しいのか、どんなときが漢字でどんなときが平仮名なのか、こんがらがって悩む毎日でした。そんな純粋無垢なザ・小学生でした。

横浜から走る相鉄線は二俣川《ふたまたがわ》で路線が二手に分かれます。当時のいずみ野駅は、南西側に進むいずみ野線の終着駅でした。

先にも書いた通り、駅を降りた瞬間に養鶏場や養豚場のニオイがぷ〜〜んっと漂ってくるところで、要するに新興住宅街として駅前の開発は一気に進んだけど、当時はまだ少し歩くと田んぼだらけの田舎の町でした。田んぼにはおたまじゃくしもたくさんいたし、栗林もたくさんありました。

僕の家族は巨大なグリーンハイムの中の、壁が（確か）黄緑色で統一されていたC地区23号棟に住むことになりました。壁の色以外はほとんど同じ建物がズラリと並ぶ巨大団地は、A地区、B地区、C地区、それに確かDやEもできたように思います。そんな感じでエリアが分かれていました。

少年野球チームはエリアごとにあり、A地区はファイターズ、B地区は確かビーバーズで、C地区はコスモスでした。23号棟はC地区だったので、僕はコスモスに加入しました。

全国2位になった水泳漬けの日々

でも野球ができるのは土日に時間が空いたときだけ。平日はずっと水泳漬けでした。当時通っていたのは、藤沢市にある藤沢金子スイミングスクール（現・アクラブ藤沢）。日本記録保持者などを数多く輩出してきた名門で、僕は毎日1時間かけて通っていました。

学校が終わると、急いで家に帰ってランドセルを置き、それからすぐに自転車で移動です。いずみ野から西へと走り、横浜市と大和市にまたがる大規模県営団地「いちょう団地」を越えて、小田急江ノ島線の高座渋谷《こうざ》駅へと向かいます。自転車で走る時間だけでも30分です。

そこから藤沢まで電車で行くので、今考えるとよく通ったなと思えるほどの遠さでした。でも当時は「それもトレーニングだ」と思っていたような記憶があります。

金子スイミングに着くのは17時頃。そこから1時間くらいは筋トレやストレッチをします。18時から20時頃までみっちり泳ぎ、20時から21時まではまた筋トレです。

21時に金子を出て、また電車と自転車を乗り継いで、家に着くのは22時過ぎです。帰宅後はご飯をたんまりかきこんで、ばたんきゅーで寝るだけ。そんな生活を小学校3年生から6年生まで毎日続けました。

実をいうと水泳は心底好きなわけではなかったのかもしれませんが、当時はとにかく泳ぐのが速かった。クロールと背泳ぎを専門にやってましたが、中学校までは神奈川県では敵なしの状態でした。

小学校高学年の頃から中学校まで常に全国大会に出ていましたし、その中でもジュニアオリンピックのメドレーリレーに出場して、全国2位になったのが最高位でした。個人でも、いつも決勝までは残っていて、上位だったり入賞したりというレベルでした。個人の年間記録のランキングでは、全国1位になったこともあります。

僕は小さな頃から「何かの分野で一番になりたい」と思っていたので、当時は水泳でオリンピックに出ることをぼんやりと夢見ていました。

平日はそんな生活で、土日にも水泳の試合があったので、水泳が全国トップレベルになるにつれて、大好きだった野球もほとんどできなくなりました。

C地区のコスモスにいたときは、まだ少年野球を続けられましたが、小5か小6のときに家族でA地区に引っ越すことになりました。そこで、野球のチームもA地区のファイターズに移りました。

ファイターズはコスモスよりも人数も多く、厳しいチームだったので、練習にも試合にもほとんど出られない僕に居場所はありませんでした。そこで野球はやめてしまいました。

それでも子どもの頃に楽しかったのは、水泳より野球でした。水泳をやっていたので肩は強く、ボールものすごく速かったのですが、残念ながらノーコンでした。ですから、ろくに練習ができない野球では、特に活躍はできませんでした。

水泳漬けの毎日で唯一と言っていい楽しみは「マンガ」でした。高座渋谷から藤沢までの電車移動中は、車内をくまなく歩いて網棚《あみだな》をチェックします。月曜日がジャンプ、水曜日がサンデーとマガジンで、木曜はたまにヤンジャン（『週刊ヤングジャンプ』）もあったかな。

網棚に捨て置かれていたマンガを、背伸びして手を伸ばして手に入れては没頭して読んでいました。普通にお小遣いはもらっている子どもでしたが、ほとんどは腹の足しになるものに消えてしまいます。ですからマンガ週刊誌を買うお金はまったくありませんでした。

当時はジャンプがとにかく大人気で、『キン肉マン』から『キャプテン翼』まで全部をはじからはじまで、ジャンプ放送局の一言一句まで読んでいました。

あと子どもの頃から音楽が好きでした。お金はかけられなかったので、ラジオから流れた曲をラジカセで同録して、自分の好きな曲を集めたテープを作っていました。そのテープを誕生日に買ってもらったウォークマンで聞きながら水泳に通っていました。

初めて買ったレコードはCCBの「空想Ｋｉｓｓ」（１９８５年）か、チェッカーズの「OH!! POPSTAR」（１９８６年）のどちらかだったはず……。今でもその２枚は大切に持っています。

当時はまだレコードがCDに追い抜かれるギリギリ前の時期で、CDが広まってからは高座渋谷のレンタル屋さんをよく利用していました。

とにかく水泳漬けで、その行き帰りに音楽とマンガ。「小学校の頃の記憶は？」と聞かれれば、それらを真っ先に思い出します。

子どもの頃から変わらない「男の子」気質とストロングスタイル

小学校２年生まで北海道で育った僕は、いずみ野に越してきた頃は函館の方言が残っていました。おまけに生意気で、自己主張のはっきりした子どもだったので、最初はかなりいじめられました。

クラスのほぼ全員からシカトされたこともあるし、ランドセルを隠されたこともあります。コンパスで足を刺されたこともありました。

当時はもちろんイヤでしたが、僕はあっけらかんとした性格なので、当時もすぐに忘れましたし、今でもなんとも思っていません。

あと、水泳をやっていて腕っぷしは強かったので、いつまでも続き、さらにエスカレートするいじめという不条理に、泣き寝入りはしませんでした。これはビジネスを始めた今もそうですが、当時からどうしても闘わなくてはならないときは腹を据えて闘う、いわゆる「男の子」気質でした。

いずみ野の小学校には、僕のほかにも生意気で目立ってしまう同級生がいて、彼も僕が転入した小学校3、4年生の頃は多勢に無勢でいじめられていました。しかし二人ともガタイがよくなって自尊心がしっかり生まれてからは、自分の正義のためにしっかりと「男の子」気質を発揮しました。

最終的には僕ら二人は、「のび太かジャイアンかスネ夫か出木杉君か、どのタイプか」と聞かれれば、ジャイアンのようになっていました。いつも楽しく明るく元気に、みんな仲よく遊ぶ小学生時代でした。そのもう一人とは今でもしょっちゅう遊んでいます。

最初、いろいろと意地悪をされたのは、サラリーマン世帯の子どもばかりが集まる新興団地の学校で、僕らがどうしても気になる存在だったからでしょう。生意気に自己主張はしっかりするし、体も大きいし、いつも媚《こ》びへつらわない。群れないし、ひとりぼっちでも目立ってしまっていたからだと思います。

「男の子気質」が強かったといっても、ものすごく悪いことをする子どもはほかにもっといっぱいいました。僕は、自分の正義が土足で汚されたときだけ「ジャイアン」になります。普段は無邪気で天真爛漫《てんしんらんまん》なザ・昭和の小学生でした。子どもらしい「ヤンチャな腕白坊主」だったのです。

横国大附属中の受験失敗と「ハングリータイガー」

水泳ばかりしていて勉強する時間もなかったので、学校の成績はよくありませんでした。それなのになぜか、横浜国立大学の附属中学を受験することになりました。受験会場に行ってはみましたが、試験の問題はまったくわかりません。当然のごとく落ちました。

たぶん母親に「経験になるから受けてみなさい」と言われて受験をしたんだと思います。受かるわけのない受験でしたが、それでも受けるからには期待してしまうわけです。試験結果を見て落ちているとわかったときは、子ども心に傷ついたことを覚えています。

試験結果を見た帰りに母親が連れていってくれたのが、横浜駅の地下街のどこかにあった「ハングリータイガー」でした。そこでハンバーグを食べて、「うっまいじゃん!!!」と感動して、ハッピーになって一瞬で元気も取り戻したんです。

だから今でも元気がなくなると「ハングリータイガー」によく行きます。ソウルフードの一つですね。

相鉄ムービルで見た『ドラえもん』

僕が住んでいたいずみ野は、横浜市の西の端っこにあります。街の中心部に行くには相鉄線で30分以上かかります。水泳ばかりしていた小学生だったので、横浜の街の中心部に遊びに行けることはほとんどありませんでした。

少ない時間の中で友達と遊ぶとしても、移動はやっぱり自転車なので、小学生の頃の行動範囲は隣の弥生台駅くらいまで。当時は本当に田舎だったので、いずみ野駅と弥生台駅のあいだにはオトナの本の自動販売機があったりしました。

トム・ソーヤーとハックルベリーのように、たまに水泳が休みの日の夕暮れどきには仲のよい友達と自転車で集まって、好奇心と背徳心のはざまで、その自動販売機の前を横目で通り過ぎたりしていました。あちこちを探検して回っていて、「ズッコケ三人組」みたいな気分でしたね。

横浜の華やかな中心街への数少ないお出かけの一つには、友達と一緒に行ったハマスタの記憶があります。当時、ハマスタを本拠地にしていたのはベイスターズの前身の横浜大洋ホエールズでした。友達にはハマスタのホエールズ戦の招待チケットをもらえる「ホエールズ友の会」に入っている野球少年が何人もいました。

その子たちは横浜大洋ホエールズの帽子をかぶって、僕は自分のチームのコスモスの帽子をかぶって、ハマスタに行った思い出があります。

小学生の頃にはクラスの男女で集まって、横浜駅西口の映画館「相鉄ムービル」に『ドラえもん』の映画を見にいったこともありました。だから僕が『ドラえもん』シリーズで一番好きなのは、そのときに見た『のび太の魔界大冒険』（1984年公開）です。

当時の横浜駅前にはまだ「そごう」がなく（「そごう横浜店」は1985年開業）、高島屋と岡田屋モアーズしかなかったはずです。それで小学生だったときに「そごう」ができて、屋上でサッカー選手にサッカーを教えてもらえるイベントに参加した思い出があります。

ANAが協賛していたので、教えていたのは横浜フリューゲルスの前身の全日空サッカークラブの選手だったと思います。そのとき、スポーツの一流選手や外国人選手にじかに教わったことは、今も強い記憶として残っています。ベイスターズの社長になってからは、「あのときの自分と同じ体験ができる機会を提供できれば、横浜の子どもたちに一生忘れられない思い出を作ってあげられるな。未来に向けた選択肢を与えるきっかけも作れるな」と考えて、子ども向けのイベントを積極的に行うようになりました。

あと小さな頃の横浜の記憶で印象に残っているのは、旭区のごみ焼却施設に併設されたプールに友達と行ったことです。そこで玉子丼を食べました。

確か手元に５００円くらいしかお金がなくて、玉子丼より１００円高い親子丼が食べられなかったんです。そのときから親子丼は僕の憧れの対象で、だから僕は今でも親子丼が大好きです。

中学校は地元のいずみ野中学校に入学しましたが、父親の仕事の都合で社宅から出ることになり、５月頃にはまた転校します。「お前が水泳に通うのが大変だから、金子スイミングのある藤沢に行くか」と、家族で藤沢に引っ越すことになりました。

その頃は本当に週に9回くらい金子スイミングに通っていたので（早朝に行われる朝練が週に2、3回あって、中学校に行く前に参加していた）、将来は水泳選手になるものだと思っていました。

1988年のソウルオリンピックで鈴木大地さんがバサロキックで金メダルをとったときには、鈴木大地さんにも尊敬の念を抱きました。でも一番好きだったのはマット・ビオンディ。100m自由形で人類初の48秒台をマークした選手で、本当にカッコよかったです。

僕にとっての憧れだったのでしょう、「マット・ビオンディ〜!!!」と雄叫びをあげながら、泳ぐマネをして、学校の廊下を駆け抜けたり、金子スイミングの周りを走り回ったりしていました。当時はサッカーのマラドーナ選手も、水泳をしていた僕らにとっても憧れの存在でした。ですから友人の一人は「ディエゴ、マラドーナ〜!!!」と叫んでいましたね。

やっぱり、多くの子どもにとってのカッコイイ人ってスポーツ選手なんだな、と今でも思います。

藤沢へ引っ越し県下一のヤンキー中学へ

藤沢市で通った藤沢第一中学校は、当時「県下で一番ワルい」と評判の中学校でした。母親と転校の届け出に行ったとき、学校の周りに暴走族の族車がズラーっと停まっていました。「スゴい学校に来ちゃったな……」と思ったのを覚えています。

当時はTHE BLUE HEARTSの「TRAIN-TRAIN」が主題歌で、的場浩司さんが赤いセーターの不良役で出ていた『はいすくーる落書』（1989年）というドラマがありました。完全にそのドラマそのままの世界でした。

僕の学年は1学年が12クラス。400人を超える生徒がいたと思いますが、中1でリーゼントに短ランとか、カッコも『はいすくーる落書』そのままの生徒がたくさんいました。

授業が始まると、みんな早弁を始めます。まるで漫画『ビー・バップ・ハイスクール』のようなギャグみたいな世界でした。そのときの僕は、新興住宅地のサラリーマン世帯の比較的優等生的ともいえる子どもが集まる小中学校から転校したので、その新しい学校で見た光景の衝撃は大きかったです。

生徒は当然ヤンチャな男の子ばかりでしたが、そのヤンチャな男の子にも「スポーツが大好きなヤンチャたち」と「スポーツも少しはするけどもう少しシビアなヤンチャたち」の2系統に何となく分かれていたように記憶しています。

僕は中学時代も水泳を続けていたので、「スポーツが大好きなヤンチャたち」側の集団で遊んでいました。しかし、どうにもこうにも四六時中お腹が減るので、学校に着いたら授業が始まる前や休み時間にまず早弁をします。そして昼休みになった瞬間に校庭に駆け出して、昼休みの時間いっぱいみんなでサッカーをしまくるような、体力溢れる元気いっぱいな中学生でした。

あと僕が1年生のときには、3年生にジャニーズの光GENJIのあっくん（佐藤アツヒロさん）がいて、毎日毎日、追っかけの女の子が何十人も学校の周りをすべて取り囲むほどでした。

僕たちは元気溢れるいたずら小僧だったので、友達とみんなで、そのファンの女の子たちの前で、あっくんの代わりに「パラダイス銀河」を踊ってみせたりして、体力発散をしたりもしていました。

そんなヤンチャで腕白でちょっとワルな中学校でしたが、スポーツはとにかく強かったです。サッカー部は全国大会に出るようなチームでした。

僕は学校の部活には入っていませんでしたが、相変わらず金子スイミングスクールで水泳を続けていて、ジュニアオリンピックにも毎回出場していました。

本当に楽しい中学校でした。みんなヤンチャなんだけど、いろいろな家庭の子どもがいて、みんな本当にまっすぐな男の子たちなんです。陰湿ないじめや、大勢で少数の子をいじめるなんてカッコ悪いと思っている子たちばかりでした。それに大半の子はスポーツが大好きでした。

横浜のいずみ野中学校から転校した僕にとっては、いずみ野とはまったく別の多様性に満ちた世界でした。そんなヤンチャで力みなぎる「中学生らしい中学生」の友達が数多くいる毎日が、楽しくて仕方がありませんでした。

アテストで大奮闘し県立鎌倉高校へ

金子スイミングは家から近くなりましたが、平日の放課後はひたすら水泳の練習です。週末に大会に出場する生活も中学時代になっても変わりませんでした。

ただ、高校進学のために一時期だけは水泳の後に夜遅くまで塾に通っていました。睡眠時間を削って、水泳も勉強も両方ハードワークをして頑張った記憶があります。

当時の神奈川県は、中学2年生の終わり頃にアテスト（アチーブメントテスト）という試験がありました。そこで高得点を取れて、内申書もよければ、県内のレベルの高い県立高校にだいたいは進学できるという仕組みがあったのです。

僕はそれまでの成績は特によくありませんでしたが、中2のときだけは4～5ヶ月だけ塾にも通って必死に勉強して、アテストで高得点を取れました。それで当時、県下で二番めの県立高校だった県立鎌倉高等学校に進学できました。

なお、僕の通っていた藤沢第一中学校の横の、人一人が通れる幅の小道を挟んだすぐ隣には、県下一の高校である湘南高校がありましたが、「中学とほぼ同じ場所に通うのもな～」と思って、そちらは目指しませんでした。

まったく新しい環境で、まったく新しい友達と出会って、もっと広い世界に進んでみたかったのです。あと、鎌倉高校は海が目の前というロケーションに惹かれて選んだ部分もありました。

湘南乃風のリーダーとバイク免許を取得

鎌倉高校には江ノ電で通うこともありましたが、だいたいは学校近くの友達の家までバイクで行って、そこから歩いていました。16歳になったらすぐに免許を取りたくて、アルバイトをしてお金を貯め、教習所に通いました。

教習所に通った後、中学生の頃からよく一緒に遊んでいた友達と一緒に試験を受けに行きました。その友達が、後の湘南乃風のリーダーのRED RICEです。

後に僕がベイスターズの社長になったときに、そのつながりで湘南乃風に出演を依頼し、ベイスターズの試合直前にハマスタでミニライブをやってもらいました。そのときはスタンドが大いに沸きました。

バイクの免許取得後は、行動範囲がグッと広がりました。いずみ野に住んでいた頃の友達とも頻繁に気軽に会えるようになりました。

山岳部から借りたテントを積んでツーリングにもよく行きました。夜通し走って箱根を越え、山中湖から河口湖を経て富士五湖全部を巡ったり、伊豆半島の山々に行ったりもしました。山梨県や長野県まで行ってみたりもしましたね。

バイクは50ccのスクーターから、ゼファーやNSR、モトクロスのバイクなど、いろいろなものに乗りました(だいたいは友達や友達のお兄さんなどからの借り物です)。

お金が足りなくて、なかなか自分のバイクが買えませんでした。バイク自体やバイクでスピードに乗って走ることよりも、バイクで移動した先でキャンプをしたり、遠くに行くのが好きでした。要は、もっともっと行動範囲を広げて、自分の力と目で見られる世界を広げたかったんでしょうね。

うちの親が放任主義だったことには、今でも本当に感謝しています。自分で自分の道をつくる人間になれたのは、そのおかげだったと思います。

水泳では結果を出していたし、なかなかすさまじい環境の中学にいながら、周囲に惑わされずアテストではしっかり点を取っていました。鎌倉高校にも入学できていたので、やるべきことさえしっかりやっていれば、あれこれ細かいことを言われることはありませんでした。

水泳の道を断念し、次の夢は「社長」に

幼稚園の頃から続けていた水泳は、高校に入った頃には少し退屈に感じ始めていました。「もう一生分は泳いだよ」という感覚もありましたし、当時は今なら体罰と言われかねないような指導も、普通にまかり通っていた時代です。

すべてのコーチには感謝していますが、ときに熱が入りすぎて、クイックターンをしているときに竹刀《しない》で叩かれて、耳の軟骨が折れてしまったこともありました。そのときには、「一生懸命泳いでいるのに……」と悔しさと痛さで、泳ぎながら水の中でずっと涙していました。そうした経験もあって、何となくずっと水泳を心の底から楽しく

感じられなかったこともあるのだと思います。

また、ジュニアオリンピックで全国2位になったり、国内の年間記録で全国1位になったりしていた中学時代とは変わり、高校時代はあまり好成績が残せなくなっていました。中学時代に一緒の大会で戦った海外選手は、高校生になる頃には足のサイズも身長も急に伸びていき、中には1年で一気に大きくなった人もいました。草履《ぞうり》のような足になっていて、身長も190センチメートルを超えている人もいました。

僕は短距離の選手で、当時の身長は175センチメートルくらい。成長も止まったのがわかりました。それだけ身長差があると、飛び込んだ瞬間、「ああ、もう勝てないな」とわかります。そう思うことも増えてきました。

日本人でも、高校に入ると急に体が成長して、成績が伸びる選手も多くいました。「この道で頑張っても……もうやるだけやったしな……」という気持ちが強くなっていきました。

当時はアメフトをやってみたこともありましたが、そこで腰の調子も悪くしてしまいました。そこから水泳の成績もさらに伸びにくくなったので、そこで水泳はやめ、アメフトも一緒にやめました。

そのときはいろんなことを考え、悩みました。もちろん頑張って水泳を続ける道があることも、高校生の自分にも十分にわかりました。けれど、頑張って続けても、この先の未来に「一番」が見えなくなってしまったことが大きかった。

種目転向や距離転向をしても、どんなことを思い描いても、一番が見えなくなってしまった。一番がイメージできなくなってしまった。そのことが、あまりにも大きかったのです。

何をどう練習しても、自分がマット・ビオンディになれるというイメージが浮かびませんでした。悔しくて情けないけれど、水泳とスポーツの世界は自分にはここまでだったんだと思いました。

でも、まだ10代です。もっともっと自分を成長させて、新たなことに挑戦して、一番になれる道に出会わなければいけない。それがそのときの結論でした。

僕は子どもの頃から「何かで一番になりたい」と思っていました。でも水泳では、その道が難しくなってしまった。そこで「自分にしかできないことで一番になるしかない」と考えました。それで漠然とですが「将来は社長になろう」「社長になりたい」と思うようになりました。

ボクシングとバスケとサーフィンに熱中

とはいえ、水泳をやめた後は特に勉強もせず、とにかく遊ぶことを楽しんでいました。ただ学校生活は楽しかったので、学校には毎日行っていました。

早めに授業が終わるテスト期間中も、友達とカラオケに行っているような高校生でした。学校の成績は学年500人くらいの中でビリから4番目くらい。僕の下にいたのは学校に来ていなかった生徒と、あとは一緒に遊んでいる友人だけでした。

高校時代はアルバイトもしていました。最初はある大手ハンバーガーチェーンで働いてみましたが、きちんとしたお店で機械的な作業をこなすのは自分には合っていないと思いました。アルバイトとはいえ、もっと人を楽しませて、自分も楽しいと感じる仕事に時間を使いたいと感じました。

そこで、シラス漁の観光地引《じび》き網とか、江ノ島の旅館の料理出しや皿洗いなどをしていました。夏は海の家で毎日焼きそばを焼いていたこともあります。

バイトで貯めたお金はバイクのガソリン代と遊びに全部使いきっていました。高校の友達と沖縄で１ヶ月ほど過ごし、レンタルバイクで沖縄中を走ったこともありました。

変わらず音楽も大好きでした。幼稚園の頃からピアノは少しやっていたし、なぜかお琴の音色に惹かれてお琴を習ったこともありました。そして「違う弦楽器がやってみたい」と思い、中学からはギターを始めました。エレキギターではＢＯØＷＹをよく弾いていました。

家でアンプからかなり大きな音を出して、エフェクターもギャンギャンかけていたので、今考えると近所迷惑だったかもしれません。

ちなみに私は横浜ＤｅＮＡベイスターズの社長になったあと、布袋寅泰《ほていともやす》さん作曲、森雪之丞《ゆきのじょう》さん作詞の「勇者の遺伝子」という新応援歌を作りました。ベイスターズには「熱き星たちよ」というアップテンポな応援歌はありましたが、７回とかにみんなで大熱唱できる「六甲おろし」のような歌もほしかったんです。

森雪之丞さんにお酒の席でその話をして、「ベイスターズは私と同年代のアクティブサラリーマンがターゲットだし、私が好きだったBOØWYみたいな曲がハマると思うんですよね」と言ったら、「布袋くん、いいんじゃない？」と言って、なんと紹介してもらえた。それに実際に曲も作っていただいて、録音のときにはバックコーラスにも入りました（何かのバージョンに僕の声が残っているはずです）。

そうやって生まれた「熱き星たちよ」は、スタジアムのみんなで大熱唱できる曲になりました。若い頃の自分を思い出しても、この曲の誕生は感無量の出来事でした。

話を高校時代に戻すと、高校からはボクシングも始めました。今も続けているサーフィンを始めたのも高校時代の終盤からです。

僕の妹がテレビのローラースケートの番組で優勝して、景品でサーフボードをもらってきました。それがサーフィンを始めたきっかけでした。

最初はサーフボードにワックスを塗らないと滑って立てないということも知らず、ツルツル滑りまくって、まったく波に乗るどころではありませんでした。本気でサーフィンに取り組むようになったのは大学1年の頃からです。

ちなみに鎌倉高校は漫画『SLAM DUNK』の陵南《りょうなん》高校のモデルになった学校です。練習試合の場面で描かれるのは、敷地内にある新体育館でした。

当時は『週刊少年ジャンプ』に連載中で、ものすごい人気でした。NBAもシカゴ・ブルズにマイケル・ジョーダンやスコッティ・ピッペンがいた全盛期でした。

僕もバスケットボールの楽しみを覚えてしまい、かじってみました。昼はボクシングをやって、いったんアルバイトに行って、夜は友達とバスケの3on3をやって……と、とにかく遊ぶのに忙しかったです。

忘れられないポンセとパチョレック

当時はプロ野球はあまり見ませんでした。テレビでも、横浜大洋ホエールズの試合はほとんど放送されていませんでした。あと水泳をしていた時期は家に帰るとナイター中継は終わってしまっていましたし。

ですから野球を見るとすればニュースでしたが、とにかく印象に残っているのはカルロス・ポンセとジム・パチョレック。ポンセはマリオみたいなヒゲと顔のイメージが強烈でした。打席で構えるときのプリッとしたお尻も印象に残っています。

パチョレックはガムの噛み方や、ものすごい迫力のスイングでのホームランなどが僕の脳みそに刻まれています。

そうした記憶から、「横浜はカッコイイ、ヤンチャな外国人選手がいるチーム」というイメージができていたことが、横浜DeNAベイスターズの社長時代につながっている気がします。というのも、自分自身でキューバまで行って、フィデル・カストロの一族に会って交渉して、ユリエスキ・グリエル（当時、キューバでナンバー1の選手といわれ、少し勝手な行動を起こすこともありましたが、ベイスターズを退団した後はアメリカに亡命して、MLBのヒューストン・アストロズなどで活躍している）を獲得したのも、どこかに「横浜はカッコよくてヤンチャで活躍する助っ人外国人選手がいるチーム」というイメージがあったからではないかと思うのです。

単位が足りず留年の危機。補習で忙しく現役受験を断念

先に書いたように、「社長になりたい」という気持ちは高校時代からあったので、大学は一応出ておこうと思っていました。ただ、高校3年生のときは単位不足で補習を受けねばならなくなり、現役での大学受験はできませんでした。

学校には毎日通っていましたが、遅刻がとても多かったんです。とにかく遊びまくっていたので寝坊をすることが多かったです。それに、学校に行く途中に友達と会ってしゃべったり、少し遊びに行ったりして、学校に行くのが遅れることがよくありました。

それで3年生のとき、先生から「はい池田！　リーチね。あと1回！　次にこの授業を遅刻したり休んだりしたら留年だよー」と言われました。「えーーー！　えっーーー!!!まじっすかーー!?」と思わず声をあげてしまいました。

そういう規則があることは知ってはいたのですが、まさかいきなりリーチとは知らなかったので、ビックリしました。危ない科目はいくつかありましたが、本当に単位

が足りず、補習を受けねばならなくなった教科が「物理」でした。

当時の鎌倉高校は基本的に何もかもが自由で、生徒の自主性に任せられていました。自分で自分の道を決めますが、悪いことをした場合も含めてすべて自分の責任。そんな感じです。

ゆるい学校でしたが、単位不足はさすがに認めてくれません。同級生で単位不足だったのは、いつも一緒に遊んでいた友達と僕の二人しかいなかったかな。友達は単位不足の科目の先生から「校庭を一周したら欠席した授業1回分をチャラにする」と言われて、校庭を走っていました。それも何日間か、一日中、何十周も、ずうっとずうっと走っていました。

僕は「とにかく座って授業を聞いていれば卒業させてやる」と言われました。それで、みんなが大学受験をしているときに、僕は学校の教室で、マンツーマンでずっと物理の授業を受けていました。

外を見ると、その友達が校庭を一人で黙々と走っていて、グラウンドの向こうには海が見えました。それが高校3年生のときの思い出です。

浪人時代は横浜のハンズ裏の河合塾へ

鎌倉高校は進学校でしたが、当時は「二浪率が全国1位」という学校でもありました。海があるので、入学した瞬間から気分が解放的になって、遊んでしまう人が多いといわれている学校でした。

浪人してからは頑張って勉強しますが、3年間遊び呆けていたので、勉強する感覚を取り戻すのにもう1年かかる。それで二浪目にして、それなりにいい大学を目指して合格する人が多いといわれていたと思います。

そこで当時は、「卒業さえできれば浪人でいいや」と何にも考えずに軽く考えていました。周囲も浪人する同級生が多かったです。その安心感もあってか、遊ぶ気まんまんで浪人時代に突入しました。

当時、横浜市内だけでなく、藤沢市や鎌倉市の高校生も、浪人すると横浜駅近くの河合塾か駿台予備校に通っている人が多くいました。僕は、西口のビブレの下にあったタワレコだったかＨＭＶだったか、大型のレコードショップが近かったので、東急ハンズの裏にある河合塾を選択しました。

そこから再び横浜の街に本格的に通うようになります。といっても浪人時代はお金もないので、横浜駅西口の「ハマボール」でボウリングをしたりとか、「シァル下」（当時の駅ビル「シァル」の下）で同じく浪人している友人と待ち合わせをして、横浜の各所にブラブラ遊びに行ったりとか、そんな程度の遊び方です。

春から夏の終わりまでは、親には本当に申し訳ないのですが、予備校には適当にしか行っていませんでした。予備校にまじめに通う代わりに、バイクに乗って、キャンプに行ってばかりいました。夏は海にばかり行っていました。

当時の僕のまわりの横浜や湘南の若者たちは、サザンオールスターズやTUBEをよく聞いていました。『湘南爆走族』や『湘南純愛組！』や『GTO』などの漫画を読んで育っていました。「夏は海でとにかく遊ぼう！」みたいな空気がありました。

それらの漫画のモデルが僕の中学校の同級生の親戚だったとか、そういう噂がそこかしこで語られていました。本当のところはわかりません。

そういう漫画の影響を受けて、「ま、夏までは楽しんで、夏が終わったら勉強を頑張ろう」みたいな安直な気持ちがありました。

夏が終わった頃、予備校で模試を受けてみたら、全教科の偏差値が40くらいでした。「これはさすがにヤバい。二浪はイヤだ。親にもう迷惑はかけられない」と思って心機一転。夏が終わってからは一切遊ばず、文字通り寝ずに四六時中勉強しました。

そして年末の模試では、ひたすら暗記を続けた歴史科目は偏差値70を超え、河合塾では全国トップクラスになりました。でも英語や国語の偏差値はまだ55程度でした。「センター試験でよい成績を取るのは無理だし、受験は私大の文系に絞ろう」と決めて、あとは英単語を片っ端から覚え、英語の読解に注力しました。必死に机に向かって勉強、というか詰め込み作業をしました。

受験では早稲田大学の商学部や社学（社会科学部）、中央大学の法学部、明治大学の商学部、法学部など幅広く受けて、全部合格しました。どこが社長になるのによさそうかを考えて、最終的に選んだのが早稲田の商学部でした。

当時は本当に思春期の真っ最中で、あっちもこっちも面白く見えてしまい、夢いっぱいの青年でした。だから、「社長じゃなければ弁護士もカッコイイな」と思ったりもして、中央大学の法学部に行くかどうかも迷いました。

家から近いはずの慶応大学SFC（湘南藤沢キャンパス）はなぜか受験もしませんでした。たぶん東京の大学に行きたかったんだと思います。

横浜のディスコ、ハイセンスな遊び場の思い出

早稲田大学に入学してすぐに気づいたのは、周囲の同級生がみんなきちんとしていて、育ちが良い人ばかりに見えたということです。オシャレな人たちばかりでした。新歓コンパにも行ってみました。そこでできた友達はいい人ばかりでした。でも、渋谷で遊ぶとか、服を買いに行くとか、そういった遊びにはまったく興味を持てなかった。

僕は「大学生でお金もないのに、オシャレな服とか靴より、短パンとビーサンでいいじゃん」みたいに考える人間なので、大学は今ひとつしっくりこない場所でした。

それで鎌倉の七里ヶ浜で本格的にサーフィンをするようになりました。遊び相手は

サーフィンを始めたばかりの地元の友人たちになりました。

横浜の街にもときどき遊びに行っていました。当時は高級ディスコがまだあったと思います。でも入り口に黒服がいるようなハイソな店で、短パン、ビーサンの延長のような格好だった僕は中に入れませんでした（笑）。

でも、たまにオシャレして、みんなで横浜に遊びに行ったりもしていました。それが、特別な大人の匂いがする遊びだと感じていました。

小さな箱のクラブでは、後に湘南乃風になるメンバーの仲間たちがレコードを回していたりしました。そこにお酒を飲みに行くことも、ときどきですがありました。

オーストラリアで1年過ごし英語をマスター

当時は、サーフィンに熱中していてとにかく朝が早かったので、夜に遊ぶのはあまり好きではありませんでした。夜遊びよりは、バイトでお金を貯めて海外に行くのが好きでした。

鎌倉より藤沢より横浜より時給も高いし、交通費も出るし、料理も覚えられる。まかないも腹一杯食べていい。そうしたメリットがたくさんあった、新橋の駅前にある、とある喫茶店でアルバイトをしていました。そこはいつも満席で忙しく、大きな売り上げを出していたお店でした。

そこで、社員を休ませられるくらいお店を回して、朝一から終電まで働いて、多いときは月に20万円以上稼いでいました。大学時代も藤沢の実家に住んでいたので、早稲田は遠かったし、バイト先のある新橋に着いたところで「学校に行くのは面倒だな……よし、バイトに入ろう」とお店に行ってしまいます。そのまま働いて帰宅してしまうことも多かったです。

学費を親に出してもらっていることはずっと頭に引っかかっていたので、社会人になったら返そうと思っていました。のちに休学するときに必要になる200万円を貯めると決めて計画を立て、その計画以上に稼げたときは、すべて海外旅行に使いました。

バリ島にはサーフィンのために4～5ヶ月に1回は行っていました。バックパックの旅行もタイの奥地から、ネイティブ・アメリカンの聖地、果てはパリで美術館巡りまでしました。友人と一緒に、あるいは一人で、いろいろな場所に行きました。横浜のそごう前から高速バスで羽田まで行ったり、鈍行で成田まで行ったりして、たくさん飛行機に乗ったのを覚えています。

冬場はスノーボードにもよく行っていました。横浜の小学校時代からの友人が北海道に引っ越していました。そこで、彼の家に泊まって、滑りに行くことが多かったです。

その友達に「お土産何がいい？」と聞くと、「崎陽軒《きようけん》のシウマイ弁当を5個以上買ってきて！」って毎回言うんですよね。やっぱり横浜で過ごした人には忘れられない味だし、僕も大好きです。

あと横浜の食べ物で好きなのは、馬車道十番館《ばしゃみちじゅうばんかん》というお店のお菓子の「ビスカウト」。クリームがサンドされた厚手のクッキーで、このレモン味がお気に入りです。横浜DeNAベイスターズの球団社長時代も、いろいろな人への手土産に持っていきました。

大学時代はそんな生活をしていたので、授業はほとんど受けませんでした。ただ、「大学では、一生学べるような、好きなことを見つけよう」と思っていたので、興味を持った授業だけは毎回しっかり受けていました。

まず興味を持ったのは観光でした。しかし授業を受けるうちに「自分は観光が好きなわけじゃなく、自由な〝旅〟をして、世界中をあっちこっち自分の目で見て知りたいだけだ。さらにいえば、ただ海外の波のいい場所に出かけていきたいだけだ」ということに気づきました。

たとえば僕はパリに行ったとしても、1日ずっと街を見ていようとは思わない。1日でパリの名所を走って全部回って、その後はすぐに南西部の海辺の街のビアリッツとかに行きたくなります。そうやって、フランスの波とサーフィン文化をとことん味わいたいタイプです。

一方でマーケティングの授業は、「これは自分が好きなことだな」と感じました。そこで社会に出る前に概略は勉強していました。家に帰ってからもCMばかりをザッピングして見ていました。

社会に出たら、マーケティングの仕事を経験し、マーケティングを武器にして、社長になりたいと思っていました。

あと、大学に入学した頃から、「1年間は休学して、オーストラリアにサーフィンをしにいこう」と決めていて、「英語だけはある程度は使えるようになっておこう」と考えていました。そこで、バイトで２００万円を貯め、早稲田大学を休学するための80万円程度を支払いました。そして、１００万円超と英和と和英の辞書だけをリュックに詰めて、東海岸の田舎のビーチタウンに行き、そこで1年間過ごしました。ゴールドコーストとは違って、日本人のまったくいないところでした。

オーストラリア人や、イギリスから移住してきた同年代の若者や、カップルと、家をシェアして住みました。そしてサーフィンをしたり、ちょっと仕事をしたりしました。

BBQをしてビールを飲んだりしながら、ネイティブスピーカーしかいない環境で毎日を過ごしました。毎日「辞書の○ページから○ページまで暗記しよう」と決めて、語彙を増やしていきました。そうやって一通りの英語はマスターできました。

茅ヶ崎で朝サーフィン後に通った住友商事時代

帰国後は誰も知り合いがいなくなった大学に戻りつつ、一人で就活（就職活動）を始めました。「将来は社長になる」と決めていましたが、いきなり社長にはなれません。当時はまだＩＴベンチャーの文化もほとんどなかったので、何も考えずに商社やテレビ局、広告代理店、銀行などを受けました。テレビや電通は筆記で落ちましたが、銀行や商社はほぼすべてから内定をもらいました。

その中から、「トップ内定だから好きな部署に行かせてあげよう」と言われた（と僕が勝手に認識したのかもしれません）住友商事に行くことに決めました。

入社後も、しばらくは藤沢の実家から通っていました。それから半年くらいで家を出て、茅ヶ崎で一人暮らしを始めました。最初の勤務先は東京の竹橋の如水《じょすい》会館で、その後は晴海のトリトンスクエアでした。

藤沢よりも職場に遠くなる茅ヶ崎に引っ越したのは、毎朝サーフィンをするには茅ヶ崎のほうがビーチに近いからでした。当時は終電まで働いて、早朝に起きてから海に入って、家に帰ってシャワーを浴びてから定時に出社していました。

社会人になって結婚した後は、都内にも住みました。ただ、サーフィンができないのがつらくなり、今度は千葉県の南房総へ引っ越しました。DeNA本社で働いていたときは、毎朝アクアラインを通って出社していたこともありました。

ベイスターズの社長になってからは、横浜にマンションを借りて単身赴任をしていた時期もあります。

博報堂～独立を経てDeNAへ

ここからは横浜から離れる話も多いので、社会人になってからベイスターズの社長になるまでを駆け足で紹介させていただきます。

住友商事で配属されたのは「鋼鉄部門」で、石油掘削《くっさく》用パイプの輸出の部署でした。社長を多く輩出している出世コースでしたが、僕が希望していたマーケティングの仕事ができる部署ではありませんでした。

僕はスーパーマーケットやケーブルテレビなどのマーケティングの根幹であるCtoCの仕事がやりたかったし、「もっと一般生活者に近く、お客さんの顔が見える仕事をしたい」という思いも強くなっていきました。そこで、1年半で住友商事を退社させてもらい、博報堂に中途入社しました。

そこでは「石の上にも三年だ」と決めて、マーケティングを基礎からみっちり学びました。一方で、大手メーカーから官公庁まで、いろいろな案件を経験しました。マーケティングも営業も、クリエイティブ制作も、メディアや媒体の仕事も、一通りの経験をしっかり積めました。一度倒産した製菓メーカーの再生プロジェクトにも取り組みました。

そこでは世界で一番辛い唐辛子「ハバネロ」を使った新商品に携わり、その製品は大ヒットを記録しました。

その当時から僕がマーケティングの仕事で大事にしているのが「業界を超えて、世の中を楽しませられるようなアイデアを生み出すこと」です。ハバネロは「唐辛子の中で世界一の辛さ」といわれていた唐辛子ですが、当時はその存在が日本でほとんど知られていませんでした。

ハバネロのウマ辛いお菓子は、お菓子づくりのプロが作ってくれます。私の仕事は、日本中でハバネロを有名にして、ハバネロブームを作ることでした。

お菓子ファンを超えてハバネロという新しいモノゴトを楽しんで、そしてハバネロのお菓子も楽しんでもらうことを目指しました。

人を楽しませることは、イコール「人を幸せにすること」です。笑顔は自分も他人も含め、多くの人を幸せにします。多くの人を楽しませて興味・関心を引き、人気を獲得できれば、普段はお菓子をあまり食べない人や、辛いものが好きではない人も食べてくれるようになります。

そうやって人を楽しませること、幸せにすることがマーケティングの根幹だと思います。その考え方は横浜ＤｅＮＡベイスターズの球団社長になってからも変わりませんでした。

自分の会社を立ち上げ、企業コンサルティングの仕事を手掛ける

製菓メーカーの再生プロジェクトのリーダーは、僕のマーケティングの師匠といえる人でした。その人が独立して会社を立ち上げたあと、僕も博報堂を辞めてその会社に加わりました。

そこで師匠には「お前は自分で会社を作れ」と言われたので、すぐに独立。自分の会社を立ち上げて、企業コンサルティングの仕事を手掛けるようになりました。そのクライアントの一つがDeNAでした。

僕は28歳で初めて社長になり、順調に仕事が増えてはいたものの、社員は自分一人でオフィスは自宅でした。1年が経過した頃、まだ20代でしたし、「一人で仕事を続けるよりも、大きな勢いのある環境にもう一度飛び込んだほうが、自分はもっと成長できるはずだ」と考えるようになりました。

僕がコンサルタントとして関わるようになったDeNAは、まさに成長期の真っ只中。社員は100人に満たないほどと規模はまだ小さかったはずですが、ちょうど東

証マザーズに上場を果たした頃（2005年）でした。若くて優秀な人材が集まっている会社でした。

当時は会社の収益が成長するなかで、CMなどの広告展開を視野に入れ始めていた時期。ただ会社にはしっかりしたマーケティングの部署がなかったので、僕がそこで半日常駐のコンサルとして働くようになりました。そこで組織のマネージャーのように社員やスタッフにも指示を出していたところ、「会社に入って自分の好きなようにマーケティングの部署を作ってほしい」とオーナー社長から要望されて、DeNAに参画した形です。

勢いのある上場企業で、一つの部署を一から立ち上げられるのは、そうできる経験ではありません。自分自身の成長のためにも迷わず引き受けることにしました。

そのマーケティング部署では、インターネットのコンテンツサービスやIT企業の中ではおそらく初めて、日本全国で大々的にTVCMを打ちました。ゲーム会社でありながらブランドCMを打つという先駆的な試みもしました。

ブランドCMとは、消費者が商品や会社のブランド価値に共感するようなCMのこと。要は商品訴求のCMではなく、商品や会社のイメージやメッセージ、社会的価値を消費者が評価できるようなCMのことですね。

DeNAはどんどん大きくなっていたので、年間で使うマーケティングの予算も200億円規模まで膨れ上がっていきました。

その後はDeNAとNTTドコモの共同出資で、小説やコミックなどの投稿コミュニティサイト「E★エブリスタ」を立ち上げ、その運営会社の初代社長になりました。それが32歳の頃です。

ゼロイチでの事業立ち上げでしたが、1年で単独黒字も達成し、累積損失の解消も見えてきました。そのような状況になると、本社でも事業の将来への注目が集まるようになり、僕は社長交代を促されました。

僕は企業が一番困難な時期に、再生などを手がけることが得意ですから、そのときは自由かつ大胆に事業に挑戦もするし、改革もできます。ただ、将来像が確定してきたり、注目を集める安定期などに入ったりすると、ガバナンスや本社とのシナジー（相乗効果）のために、本社によってそれ以前よりコントロールされるようになるのが一般的です。

私はある種、邪魔ものになるのがわかっているので、自分でそうなるタイミングで職を辞することを決めました。悲しく寂しいですが、会社なので当然のことでしょう。入社時に任されたマーケティング部門でも、社長に就任したエブリスタでも、会社と合意していたミッションや、自分に課した目標は常に期待値をはるかに超えて達成してきたつもりです。また当時は、会社が成長するとともに社内の雰囲気も変わり、会社にとって一時期は大切だったはずの人が辞めていったりもしました。

数字や売り上げに厳しいのは当然そうあるべきなのでいいのですが、一方で、人間的な甘さや遊びなどに寛容で、自由なDeNAの空気が私は大好きでした。

私はウェットな部分が多い人間で、一度信じた自分の部下はどんなことがあっても信じるタイプです。また、スマホのゲームの「ガチャ」などが社内で問題になり、距離を置きたいと考えるようになりました。

DeNAを辞めることを考え始めていたときに、DeNAがベイスターズを買収する動きが本格化していきました。

「片道切符」で地元・横浜のベイスターズの社長に

ベイスターズの買収については、僕はマーケティングの責任者として、球団保有の効果やブランド戦略などについても検討していました。ただ最初は「なんでDeNAが野球？　なぜベイスターズを買うの？」という感じで、全然ピンときていませんでした。

当時は野球に興味はなかったし、うちの奥さんは阪神ファンだったので、家で入ってくる野球の情報も阪神ファン目線のものだけでした。

でも思い出すと、小さな頃は少年野球に熱中していたし、前述の通り、「ホエールズ友の会」に入っていた友達とハマスタに行ったこともありました。「そういえばポンセとかパチョレックとかいたよな。なんでこんなに強烈な記憶として残ってるんだろう」と昔の記憶を掘り起こしたりもしました。

一方、DeNAの社内では、ベイスターズの社長に手を挙げる人間は誰もいませんでした。それはそうでしょう。「ベイスターズの社長になる人はババを引いたことになる！」と言われていたのですから。

当時のベイスターズは年間25億円程度の赤字を出していた球団です。「そんな状態で経営を任されても、人気球団にすることとなんてできない」「絶対に黒字になんてできない」「どうにもならない」とみんな思っていました。

当時は、ソフトバンクや楽天などのＩＴ企業の参入からしばらく時が経ち、野球界全体に再び勢いがなくなっていた時期でもありました。

ただ、僕は企業再生は過去にも経験を積み重ねてきており、得意といえる分野です。それにベイスターズは生まれ育った地元の横浜の球団です。

ハマスタは僕が生まれたけいゆう病院（警友病院）の目と鼻の先にあります。マーケティングで大切なのは「人を楽しませること」「人の心の琴線に触れるものごとと空気を作ること」ですが、僕には横浜の野球の記憶がありましたし、横浜の街も知っていました。

横浜の人というか、ハマっ子気質の実態を知っていました。生まれ育った街横浜のことだから、横浜愛にまみれてみたいという思いもありました。

僕は横浜でなら、また自分が自由に羽ばたける予感がありました。「何をすれば横浜の人の琴線に触れられるか」はわかっているつもりだし、「野球をきっかけに、街の人を楽しませることができる」という自信もありました。

「この仕事をできるのは自分しかいない」と思って、片道切符（社長を辞めた後、DeNAに戻れないということ）で手を挙げました。変な話、DeNAが買収したのが埼玉の西武ライオンズだったら、僕は社長として手を挙げていなかったと思います。

僕がベイスターズの社長として手を挙げたことを知ると、周囲からは「絶対にやめておけ」と言われました。「ババを自ら引いたな」「せっかくエブリスタで成功したのに、わざわざ経歴に傷をつけにいくのか」とも言われました。

でも、ほかの人が「ババだ」と言っているものを自ら引きにいかないと、新しいチャンスを掴むことはできません。多くの人が「困難なものごとだ」と思っていることの中にこそ、多くの人を楽しませて幸せにするチャンスが数多く眠っているのも真実です。

なお当時のDeNAは、ベイスターズの球団保有の広告効果は期待していても、黒字化については、どれぐらい期待していたのかわかりません。公言するは易しですが、本気で黒字化を期待していたのかについては疑問があります。

当時のＤｅＮＡは米国のソーシャルゲーム企業を４億ドルで買収するなど、海外戦略に注力している時期でした。「人材はすべてゲームへ」という感じで、横浜への人材投入はほぼ皆無でした。

一方で日本国内では企業としての認知度はまだほぼないような状態でした。認知度の高かった「モバゲー」も、公正取引委員会の立ち入り検査が行われたこともあり、「青少年によくないもの」というイメージも根強くありました。

ベイスターズの買収は、そんなＤｅＮＡの社会的ステータスと認知を獲得するために行われたものでした。「年間25億円の赤字も広告効果を考えれば仕方ない」という考えを抱くのは当然だったと思います。

だからこそ、会社を辞めようとしていた僕に、片道切符で社長を任せてくれたのでしょう。僕への期待は「池田が奇跡を起こして黒字になったらラッキーだな」程度のものだったのではないかと思います。

だからこそ僕は本社から野放しの状態で、自由に、そして大胆に、ベイスターズの再生を進めることができたのです。寛容だったＤｅＮＡには非常に感謝しています。

初のハマスタ視察で見た中日の胴上げ

そして僕は日本の球界史上最年少の35歳で、新球団・横浜ＤｅＮＡベイスターズの初代社長に就任しました。

僕がベイスターズの社長に就任したのは２０１１年の12月です。就任発表前の10月18日には、まだシーズン中のハマスタの視察も行いました。

関内駅で降りて、ハマスタの姿を見たときは、「僕が小学生だった頃と全然変わっていない」と驚きました。ハマスタを実際に訪れたのは小学生のとき以来でした。

対戦相手は中日ドラゴンズ。ドラゴンズはこの試合に3対3で引き分けてリーグ優勝を決めました。初の視察で相手チームの胴上げを見ることになったわけです。

当時のドラゴンズの監督は落合博満さん。一番に荒木、二番が井端で、中継ぎには浅尾、抑えには岩瀬がいる黄金期でした。

一方のベイスターズには、未完の大器の状態だった筒香嘉智《つつごうよしとも》選手がいましたが、その日はプロ野球タイ記録の1試合5三振を記録。筒香の三振で試合が終わり、落合さんの胴上げが始まりました。

中日ファンでいっぱいのスタジアムは大いに沸きました。

「横浜なのに、関内なのに、何なんだこの残念な光景は!?」と思いました。

ハマスタは球場の中に入っても、小学生の頃の記憶のままでした。

美味しそうな食べものはシュウマイ弁当くらい。トイレも汚い。あちこちでタバコの煙がモクモク。

昭和かここは……と思いました。そしてチームも弱い。

「これじゃファンもつらいけど、野球が好きではない人がここに来ても、何一つ楽しいことはないよな」と思いました。

そんな閑古鳥が鳴く、横浜の心が離れてしまったどん底の状態から、僕のベイスターズの組織再生と、野球を使った横浜の街づくりはスタートしたのです。

第3章

スポーツは横浜の都市経営にもっと活かせる

横浜DeNAベイスターズで行った「スポーツを軸にした街づくり」

野球を主役から〝つまみ〟にパラダイムシフトして、スポーツの力で地域活性化

私は2011年に横浜DeNAベイスターズの社長に就任してから、「スポーツの力は横浜の都市経営に活かせる」と考えてきました。だからこそ、横浜DeNAベイスターズが横浜の都市経営に参画していくために、球団の職員には「これからはベイスターズが地域活性化の核となる」「野球を軸にした街づくりを行う」と説明しましたが、当時は何を言っているのかわからない人が大半だったと思います。

その頃のベイスターズは、横浜という日本一のローカルタウンの駅近くにある最高立地のスタジアムで、日本最高峰のプロ野球の試合が行われているにもかかわらず、客席はガラガラの状態でした。それに成績は最下位続きでした。

横浜DeNAベイスターズの社内では「野球は勝つことが最大のファンサービス」との声が多く、チームの成績が悪いことが観客動員の悪化につながっているという見方が強くありました。チームの成績不振を観客動員の減少の言い訳にしていたともいえます。

私は「経営によって組織が強くなれば、その一部であるチームも必然的に強くなる」と考えていました。しかし、経営者が勝敗や優勝を直接コントロールすることはできません。

それに「勝てばファンがついてくる」という考え方は、野球ファンばかりをターゲットにしたものです。野球のマーケットしか見ていない、内向きの姿勢です。マーケティングの分野で仕事をしてきた私としては、〝世の中〟を楽しませる視点があまりに欠如していると感じました。

私は横浜ＤｅＮＡベイスターズのビジネスの根幹を「野球を見せて楽しんでもらう」から「野球を〝つまみ〟にして、楽しんでもらう」に変えました。特に野球好きではない人たちにも「野球をつまみにして楽しめる、大きな居酒屋に来てください。そこでの会話やワクワクする時間を楽しんでください」とアピールしました。要するに、パラダイムシフト（価値観の転換）をはかったわけです。

ターゲットとなるのは３７０万人の横浜の全市民を中心に、神奈川の全県民を加えた約１０００万人。その人たちとの接点を野球一点張りではなく、多様化しようと考えました。思考も趣味もさまざまな多様性の時代に、多様な接点を作り上げ、全横浜市民370万人の「感性に刺さるマーケティング」で世の中を楽しませることを重視しようと考えたのです。

野球をつまみにした会話やコミュニケーションから、地域社会のさまざまなコミュニティの絆が育まれてほしいとも思いました。そこで、私はスタジアムとその周辺の開発コンセプトを「コミュニティボールパーク化構想」と名づけました。横浜という地域に密着した球団のブランディングも行いました。

そうした地域に関わる試みを数多く行ってきたのは、私なりの考えがあったからです。その考えとは、横浜DeNAベイスターズの社長としての私のミッションは、球団の再生と黒字化だけでなく、「横浜を野球で幸せにすること」「横浜の街を野球で豊かにすること」にこそある、というものでした。

それまで私がマーケッターとして行ってきた仕事は、世間を楽しませることによる「空気づくり」と「民意の獲得」でした。ベイスターズの再生は、いわば「横浜市民の民意を獲得する作業」だったわけです。政治でいうところの、支持率100パーセントを目指す作業です。

私が横浜DeNAベイスターズの社長に就任してからの5年間で、球団の各種指標は以下のように変化しました。2016年の数字は退任時点での実績に基づく予測値です。

●2011年と2016年の主な指標の比較
観客動員数：110万人↓194万人　※球団記録を更新
グッズ売り上げ：3億円↓30億円以上
売り上げ：52億円↓約110億円
利益（球団単体）：24億円の赤字↓10億円超の黒字
チーム成績：2016年に初のクライマックスシリーズ進出を達成
2016年1月に友好的TOBにより株式会社横浜スタジアムを連結子会社化

横浜DeNAベイスターズの企業再生については過去の著書でもさまざまな形で書いてきました。本章では「街づくり」や「スポーツを横浜の都市経営に活かす」という観点に注目して、私が行ったことを振り返っていきます。

私は2017年からさいたま市でスポーツの仕事に取り組み、2020年からはB3リーグに所属するバスケットボールチーム「さいたまブロンコス」のオーナーを務めています。

私の仕事は「経営」です。私は横浜DeNAベイスターズとブロンコスの仕事で、スポーツを通した街づくりと地域活性化に取り組んできました。それも経営の一環だととらえているからです。その延長線上にある都市経営の仕事も、まさに〝経営〟であることに変わりありません。

この章で書いていることは、横浜の行政が取り組むべき街づくりと都市経営のヒントにもなるはずです。

横浜の人間関係を知るため、経済界の人たちとも会うようにした

横浜ＤｅＮＡベイスターズの再生においては、次章で詳しく書いている組織改革も徹底して行いました。それと同じくらい、「街づくり」「地域活性化の核となり、〝元気玉〟のような存在になること」「横浜の都市経営への参画」も大切なことだと考えました。

そもそもフランチャイズ制のプロ野球では、各球団がそれぞれの地域で、野球に関するすべての権益が保護される「保護地域」を持っています。それに球団経営の大きな土台は地域にあるので、球団経営はスポーツビジネスでありつつ、地域密着ビジネスの側面が非常に大きいのです。だからこそ、地域密着ビジネスを行うには、行政や街の有力企業と関係を持つことも必要です。そこではさまざまな反発もありました。

私が横浜ＤｅＮＡベイスターズの社長に就任した当初、前述の通り、横浜の多くの企業経営者の方々からは「東京のよくわからないＩＴ会社から来た若造社長」という扱いを受けていました。重鎮の方からは「これまでのベイスターズは東京の本社のほうばかりを向いていて、横浜のことを見ていなかった。お前も同じだろ」と言われました。

私をそのような人間と見ている人たちと、ベイスターズの決起集会や会合などで顔を合わせると、「お前、すごく評判が悪いぞ」「お前の言うことなんか誰も聞かないぞ」「これまでのベイスターズの人間をないがしろにすると自分の周りに誰もいなくなるぞ」など、散々な言われようでした。最初はとにかく風当たりが強かったです。

ほかにもひどいことはありました。とある街の重鎮に横浜の財界人が集まるクラブに呼び出され、「これはお前の女だ。触れ」と言われたこともありました。私はそんなことは絶対にしませんし、そのような人の話にも絶対に乗りません。いま考えれば、あれも私を「しがらみの世界」に引き入れる策略だったのかもしれません。

そのような扱いを受けながらも、社長に就任してからしばらくは、街の経済界の人たちとは機会を設けて会うようにしていました。

それは媚びへつらうためではありません。「この街の経済界はどのような人間関係で成り立っているのか」を把握するためであり、「何をするとどんなことを言われるのか」という温度感を探るためです。

私はまったく媚びない性格なので、「かわいくない」「生意気だ」と言われ続けました。それでも、顔を合わす人が増えてくると、「この街では誰と誰が仲がよくて、誰と誰の仲が悪いのか」「その人が2代目や3代目なら、親はどんな人で、親の代はどんな会社だったのか」など、いろいろなことがわかってきます。そうやって、この街の人間関係や、文化や歴史の深い部分が見えてくるわけです。

それが見えてくれば、企業再生や街づくりのゴールを最短で目指すうえでも役立ちます。何に配慮をして、どこで自重すべきかも見えてきます。

私は自分の仕事のやり方の核の部分を曲げることは、相当な理由がない限り絶対にありません。ただ、そうやって必要に応じて細かな調整は常に行っています。

媚びるのではなく結果を見せて納得させる

地元の経済界の人から受けた扱いからもわかるように、ものごとを大きく変える時期には、軋轢も当然生まれます。根も葉もない悪い噂が広まることもあります。毀誉《きよ》褒貶《ほうへん》があるのは仕方がないと私は思っています。

私が経営者としてすべきことは、悪評を気にしたり、孤立を恐れたりすることではなく、とにかくベイスターズを変えることです。まず何よりも「お客さんを増やす」「ファンを増やす」「街中にユニフォームを着た人を増やす」という目に見える結果を出していくことでした。

私についてとやかく言う人には、「ほら、きちんと仕事をしましたよ」といえるような実績を上げ、それを示すようにしました。

球団再生の過程では、ベイスターズに対して特に何の貢献もしてないのに、球団からムダなお金が流れている企業とは手を切りました。そうした企業の社長は、選手や職員を連れて飲み歩いたりもするので、球団関係者やお店には評判がいいケースもあります。そこで、「何であそこを切るんだ！」と怒ってくる人もいました。

街の企業から高いお金で倉庫を借りていて、その倉庫から売れ残ったグッズが山ほど出てきて、料金が未払いだったこともありました。地域の企業との戦略なきお付き合いのために、それだけムダなお金を使っていたわけです。

街の経済界の人は、会わずにいると「何で来ないんだ！」と怒り出すし、会いにいけば何時間も罵倒してくる。そういう厄介な人も多かったです。

そのような人たちに媚びへつらっても意味がありませんし、そこで媚びて関係を戻したら、昔のベイスターズに戻るだけです。

そうした人たちも、実際に結果を出していくと、私のことを何も言わなくなります。実際、私を最初に2時間罵倒した某会社の社長は、私が社長を退任するときには「お前のことは嫌いだったけど、見事だったぞ」と言ってくれました。

だからこそ「まずは何より誠実に仕事に取り組む」というのが私のスタンスでした。

社長就任当時の横浜は巨人ファンも多かった

街の有力企業の人と会うと、あいさつするなり「俺は巨人ファンだからな。ベイスターズには金は出さない」と言われたこともありました。その企業は横浜スタジアムのスポンサーでもあったので、「何なんだこの人は?」と思いました。でも、横浜市民が巨人ファンになっても仕方のない歴史が、この街にはありました。

先にも触れたように、横浜にプロ野球の球団が誕生したのは、川崎に本拠地を置いていた大洋ホエールズがハマスタに本拠地を移した1978年です。「プロ野球のある街」としての横浜の歴史は日本の他の地域よりは遅れてスタートしました。

そして横浜にプロ野球がなかった時期も、巨人戦は横浜を含め、全国で中継されていました。だから、横浜にも巨人ファンが多かったわけです。

その企業の社長以外にも、横浜の年配の方には、実は巨人ファンだという方が多い印象でした。

当時、私がマーケティング調査のために、横浜市民に行ったアンケートでも、その実態は明らかになりました。「12球団の中で一番応援している球団はどこですか」という質問に対して、もっとも回答が多かったのは巨人でした。同様のアンケートは毎年行っていましたが、社長就任1年目から4年目までは巨人が1位のままでした。

就任4年目にはハマスタの座席稼働率は90パーセントになっていました。それでもアンケートを取ると、巨人は1位のままでした。

アンケートでやっと巨人を越えられたのは、ハマスタの友好的TOBを終えて、「横浜に根づき、横浜とともに歩む」という球団の姿勢が市民の方々に浸透した就任５年目になってからでした。それだけ「本当の民意」を獲得するのは難しかったわけです。

１００年以上さかのぼれる、ハマスタの土地と野球の歴史

なお、ハマスタの土地と野球の関係自体は非常に古く、その歴史は１００年以上昔までさかのぼることができます。

横浜スタジアムはもともと、１８７４年（明治７年）に居留外国人の施設として作られた野球場兼クリケットグラウンドを起源としています。その２年後（１８７６年）には、現在の横浜公園の場所に「彼我《ひが》公園」が整備され、「公園の中にある野球場」が誕生しました。

なお公園名の「彼我」には、「外国人と日本人がともに使う公園」という意味があるそうです。１８９６年にここで日本初の国際野球試合が開催されたことも、横浜の国際都市としての特色を物語っています。

その後、公園は1909年（明治42年）に「横浜公園」と名前を変え、1929年（昭和4年）には関東大震災復興事業の一環としてグラウンドが改修されます。横浜スタジアムの前身である横浜公園球場が竣工しました。

最初の試合は早慶戦で、スタンドには1万5000人が詰めかけ、満員だったそうです。

1934年（昭和9年）には、ベーブ・ルース、ルー・ゲーリックら、米大リーグオールスターが来日。ベーブ・ルースはここで2本のホームランを放って観客を沸かせました。

戦後は駐留軍に接収されて「ゲーリック球場」と名前を変えた時期もありました。それでもハマの早慶戦といわれた伝統の一戦「横浜高等工業学校（横浜高工）VS横浜高等商業学校（横浜高商）」の対戦は復活します。試合の日は街を挙げての大騒ぎになるほどだったそうです。

そして夜間照明塔も整備された球場では、1948年に日本プロ野球初のナイトゲームが開催（巨人 対 中日）。4年後の1952年には、平和条約締結とともに公園内の大部分が駐留軍の接収を解除。横浜市に返還されます。１９５５年には球場改修に伴い、「ゲーリック球場」から「横浜公園平和野球場」と改名も行われました。

その後の横浜では「平和球場」の通称でスタジアムは親しまれ、高校野球や社会人野球の会場として使用されました。ただ、１９７０年には老朽化により、スタンドの上半分が使用禁止になり、収容人員は半分になります。そして球場再建の機運が高まるなかで、川崎球場に本拠地を置いていた大洋ホエールズの移転計画も進行しました。

その後、平和球場の取り壊しを経て１９７８年に竣工し、大洋ホエールズの新本拠地となったのが、現在の横浜スタジアムというわけです。

ハマスタをフェンウェイ・パークのような存在に

以上のような歴史があるので、私はハマスタを、メジャーリーグ最古のスタジアムであるフェンウェイ・パークのような球場として、再生したいと思いました。ハマスタを横浜の街のアイコンに、アイデンティティにしたいと思ったのです。

ボストン・レッドソックスの本拠地のフェンウェイ・パークは、1912年の竣工。築100年以上ですから、1世紀を超える歳月をボストンの街と人々とともに歩んできたわけです。

なお、私が「ハマスタをフェンウェイ・パークに」という構想を話したときは、「そんなアイデアは古い」「これからはドーム球場だ」と言って、多くの人がその案に反対しました。しかし実際にハマスタはよみがえり、いまやオリンピックの競技会場にも選定されています。

そのようなことになるなんて、誰も予想しなかったでしょう。横浜DeNAベイスターズの試合が毎試合満員になることも、誰も想像できなかったでしょう。

ハマスタは横浜の魂のような場所

当時の横浜では財界人が集結した〝横浜ドーム球場〟の建設推進派がかなりの力を持っていました。彼らの作った組織は横浜DeNAベイスターズにまったく関わりを持たずに、ドーム構想の話を進めていました。

でもドーム球場はほかの街でも作れますが、ハマスタのように街とともに歴史を刻んできた球場は横浜にしかありません。ハマスタは小さな球場ですが、コンパクトな空間に鋭い傾斜で建てられているので、音の反響がすばらしい。球場外のライトスタンド側には日本初の西洋式街路である日本大通りが伸びていて、その先の港はペリーが来航した場所です。

この場所ではベーブ・ルースもかつてプレーしました。改築に際して西武の堤義明さんが融資を表明したあと、横浜の人たちが立ち上がって、自分たちが株主となってスタジアムを造った話は前にも書いた通りです。

ハマスタは横浜の魂のような場所です。このスタジアムとともに横浜における野球が発展してきた歴史はお金では買えない財産です。

一度壊してしまったら造り直すことはできません。だから私は、市民やファンにとって大切なスタジアムの存在価値をなくしたり、その価値を大きく変えたりする動きには抵抗してきました。このスタジアムを守り抜いて、次の世代に向けて、正しくアップデートするべきだと考えました。

シカゴのリグレー・フィールドで見たハマスタと関内の理想像

私は横浜DeNAベイスターズの社長に就任したときからハマスタ（球場）とベイスターズ（球団）の一体経営を考えていました。「横浜における理想のスタジアムとはどんな形なのか」をずっと考えてもいました。そのヒントとモチーフを探すために、国内外のスタジアムの視察を繰り返しました。

アメリカの各地にあるメジャーの本拠地はもちろん、3Aから1A、果ては独立リーグまで、マイナーの本拠地も見ました。NFLのスーパーボウルも生で観戦しました。

ヨーロッパのサッカーの競技場も視察して、チャンピオンズリーグの決勝も現地で生で体感しました。リオ・オリンピックの視察では、ブラジルサッカーの聖地のマラカナン・スタジアムにも足を運びました。なぜそこがサッカーファンにとって特別な場所なのかを肌で感じました。

韓国や台湾やインドネシアなど、それぞれの土地で愛されているスタジアムにも足を運びました。視察したスタジアムの数は１３０をゆうに超えていると思います。

すべてはハマスタを「本物」にするためであり、その理想の姿を探るためでした。そうするために、「いいスタジアムだな」と感じる場所はすべて自分の目で見てきました。「本物」を数多く見て、そのすばらしい部分に敬意を表しつつ、自分たちのオリジナルに変えていく作業を進めました。

「街づくり」の観点でいうと、ハマスタの理想にもっとも近いと感じたのが、シカゴ・カブスの本拠地のリグレー・フィールドでした。

シカゴは世界屈指の金融街があることで有名です。超高層ビルが立ち並ぶ景色でおなじみですが、リグレー・フィールドは金融街から離れた場所にあります。

周辺の街はスタジアムを中心に造られています。スタジアムの立地は、みなとみらいから少し離れた関内にあるハマスタと似ています。

スタジアム周辺には、スタジアムが造られた１９１４年当時から営業しているパブも含めて、さまざまな店舗が軒を連ねています。そのほとんどでカブスのゲーム中継が流されています。

地元ファンは試合前からウォーミングアップとばかりにビールで士気を高めます。パブで試合を見て楽しむ人もいれば、スタジアムで試合を楽しみ、試合が終わればパブに戻ってまた酒を飲み、試合後の余韻に浸る人もいます。

街の中心にあるスタジアムは賑わい、その経済的効果がしっかり周囲の店に及んでいる。デパートなどで、上階の施設を充実させることで、店舗全体の売り上げ増加につなげる販売方法を「シャワー効果」といいますが、リグレー・フィールドの周辺では、スタジアムによる「シャワー効果」が見事にできていました。

その様子を見て、私は「これこそ、関内とハマスタとベイスターズとの理想の関係だ」と思いました。

私はベイスターズのハマスタを城に見立てて、関内の街を「城下町」にたとえたことがあります。地域におけるスポーツチームは、地域の思いを一身に託された存在であり、その戦場となるスタジアムはいわば「城」と言っていいでしょう。

その「城」を舞台として、熾烈《しれつ》な闘いを繰り広げるチームは、街を元気にするアイコンであり、〝元気玉〟だと思っています。

私はそうしたスポーツの力を使って、横浜の「街づくり」をし、「都市経営」にどんどん参画していくことを考えていました。

横浜の真の中心「関内」が元気を取り戻したワケ

ハマスタのある関内は「横浜の中心」といえる街でした。

関内はペリーの横浜来航から5年後の1859年（安政6年）の横浜開港以降、西洋文化を一挙に取り込んだ街です。「関内」という名称も、日米修好通商条約により1859年に設置された開港場の区域を「関内」、その外を「関外」と呼んだことに由来します。

周辺にはアイスクリーム、ビール、ガス燈など、横浜市が発祥のものが多くあります。昭和初期の近代洋風建築も、今でも多く残っています。神奈川県庁舎、神奈川県警など官公庁や企業も、関内周辺に集まっています。

私も横浜ＤｅＮＡベイスターズの社長になって、街の人たちとの交流が始まると、「横浜で古くから人が集まる街は関内なのだな」ということがわかってきました。年配の横浜の財界人には、関内の街で遊んで育った人が多いからです。

ただ、１９５９年に関内駅前に竣工した横浜市役所が、みなとみらい地区のすぐ近くに移転して超高層ビル化したように、近年は街の中心がみなとみらいに移りつつあります。

私が小学校時代にハマスタに来たときは、桜木町より先のみなとみらい地区は特に何もない埋立地《うめたてち》でした。みなとみらいの一帯が栄え始めたのは、横浜万博（１９８９年）が開催された頃からです。

ただ、みなとみらいは日本の大資本グループがつくった街なので、そこには街の歴史がないだけでなく、横浜の本当の人間関係もあまりありません。巨大な商業ビルが立ち並ぶエリアなので、多くの人が訪れても、その移動が建物の内部で完結してしまいます。

古くからの横浜の街に人が溢れ出てはいかないわけです。みなとみらいがこのまま発展し続け、〝肥大化〟すれば、古くからの横浜の街から人々の足がますます遠のくでしょう。

関内で行った街づくりと地域活性化

私が球団社長に就任した２０１１年当時、私が空き地であったみなとみらいを見たときから20年以上の歳月が流れ、街の様相は大きく変わっていました。ベイスターズの成績は振るわず、人気もない状況で、スタジアムは空席が目立ちました。スタジアムに人が集まらないことで、関内の飲食店も22時には閉店するような状況が続いていました。

当時も関内には古くからある小さな飲み屋が多くありましたが、食べログ等を見ても、そうしたお店には辿り着けない。いいお店はあっても、街を知っている人しかお店に行けない状況がありました。要は〝いちげんさん〟や観光客、それに若い人には関わりもなければ、興味を持たれることもない街になってしまっていたのです。

ハマスタ周辺を歩いても、ベイスターズ色が出ている場所といえるのは、唯一の優勝を飾った1998年に命名された相生町《あいおいちょう》の「ベイスターズ通り」のみでした。私は「ハマスタ近辺のどこを歩いてもベイスターズの旗が掲げられているような街でないと、チームに親しみを持ってもらえない。地域活性化の〝元気玉〟、原動力になっていかない」と思いました。

まずは小さな店が密集しているハマスタ周辺を巻き込んで、ベイスターズとの関わりを持ってもらおうと考えた私は、横浜の飲食店や小売店を中心とした横浜DeNAベイスターズの相互応援組織「クラブベイスターズ」を作りました。

直接お店を訪れて、『『クラブベイスターズ』の星のステッカーを店の入り口に貼っていただけませんか？　チームが勝った日には、ドリンク一杯でいいのでサービスや値引きしてもらえませんか？　そうしていただけるなら、ベイスターズのホームページでお店を紹介させていただきます」という交渉を続けました。

まさに草の根活動でしたが、月日が経つごとに協力してくれる店が増えていきました。そして徐々に、ナイター終了後にスタジアムから関内の街に人が流れるようになり、周辺の飲食店の営業時間も次第に延びていきました。

私がよく通っていた横浜ＤｅＮＡベイスターズの球団事務所裏にあるバー「ＨＵＧ」のマスターからも、「最近、ユニフォームを着たお客さんが増えてきたよ」という声を聞くようになりました（その後、マスターは亡くなってしまいました。マスターにはいろいろとお世話になり、本当に感謝しています）。

その後は野球をモチーフにしたマンホールを横浜市に寄贈したり、関内駅南口にヘルメット型モニュメントを設置したりと、物理的にも街づくりの一環を担いました。各種のまちづくり協議会に参画し、街の人々と一緒になって街の未来を考え、語り合うこともしました。

私が思い描いていた「野球を軸にした街づくり」が、徐々に進んでいる実感がありました。

地域シンクロブランディングを行う

そのようにして、「野球を軸にした街づくり」を進める一方で、横浜DeNAベイスターズのブランディングも考え直す必要がありました。

私は球団の地域密着を進めるうえで、「プロ野球のある街、横浜」と「横浜に根づき、横浜とともに歩む」というコンセプトとキーメッセージを核にしていました。地域に根づくためには、横浜DeNAベイスターズを「横浜らしい球団」にリブランディング（ブランドの再構築）していかなければなりません。

そこで私が行ったのが「地域シンクロブランディング」です。簡単にいえば、横浜市民が思う「横浜ブランド（横浜らしさ）」に、球団・球場を近づけていく作業です。

具体的には、まず「横浜市民が思う横浜ブランド」についてのアンケート調査を実施しました。その一つに、『横浜』と聞いて思い浮かぶイメージに近いものを3つまでお選びください」という質問がありました。1位は「海と港の街」。2位は「国際色豊かな都市」、3位は「日本一カッコよくてオシャレな街」という結果が出ました。

では当時の横浜DeNAベイスターズに、「カッコよくてオシャレな球団」「国際的豊かで異国情緒漂う球団」「海と港の球団」というイメージはあったのか。この点もアンケート調査を行いましたが、惨憺《さんたん》たる結果でした。

3項目とも「当てはまる」「非常に当てはまる」という回答はまったく過半数にも達しませんでした。この3項目を「当てはまる」にするための作業が、私の行った「地域シンクロブランディング」でした。

海と港の街に合わせてブランディング

まず「海と港の球団というイメージはありますか」という質問に対し、「非常に当てはまる」「当てはまる」と答えた人は合計で37パーセント。球団名に『ベイ』スターズ」と海に関わる単語が入っているのに、このように低い数字なのは非常に問題でした。

当時の球団はベイスターズの「ベイ」以上に「スター」を活用しており、地域密着のための戦略なきブランディングになっていました。マスコットはスターのモチーフを強調した「ホッシーくん」で、ユニフォームもスター入りでした。ユニフォームに使われていた色は深めの紺色で、海のイメージではありません。横浜市民へのアンケート調査の中で「横浜の色は？」という問いへの答えは圧倒的に「青」が多かったです。「何でベイ（湾）のほうを使わないのか？」と私には不思議でした。「こういうところから民意を獲得しないといけない」と感じていました。

そこで「海」や「港」のイメージを取り入れるため、ユニフォームから球場での演出まで、さまざまな変更を施しました。

2012年以降は横浜スタジアムの茶色にふちどられていた外周を、青くカラーリングしました。同年からは新ユニフォームに鮮やかなブルーを採用し、「横浜ブルー」と命名しました。「海と港の街」という横浜の象徴的なイメージと、チームのイメージを近づけました。

さらにヘルメットも、星に照らされて輝く海をイメージした「横浜メタリックブルー」に変更しました。

球場内のシートの色も、ジャイアンツカラーの「オレンジ」から「横浜ブルー」へと変更しました。球場の案内係や職員のユニフォームも、船乗りをイメージするようなデザインに変えました。

そのほかにも、ダイオウイカの展示をしたり、ミニ水族館を設けたり、深海生物展などを催したりしました。各所に「海と港」を醸し出す改善を行ったわけです。

ホームランが出たら汽笛を鳴らしたりもしました。球場のアナウンスにも異国情緒や、メジャーリーグ感を取り入れるため、英語のナレーションも積極的に用いました。

こうした多数のアイデアと挑戦を繰り返し、ブランド変更が横浜市民の心に刺さっていったことによって、横浜DeNAベイスターズは「横浜ブランド」に見合った球団になっていきました。ブランド化とともに横浜への密着度が高まっていくにつれ、実際に球場に足を運ぶ人も増えました。

なお、今の横浜の行政を見ていても、私は「海と港の街」というブランドをもっと活かせる方法があるのではないか、と感じています。それを活かすアイデアは第5章でいくつか紹介させていただきます。

子どもの「カッコいい」はバロメーター

先ほど紹介したアンケートでは、ベイスターズを「カッコよくてオシャレな球団」と思っている人は11パーセントだけでした。半数以上の人からは「ダサい球団」だと思われていたのでしょう。それは、子どもたちの反応からも明らかでした。

私がベイスターズの社長に就任した頃、イベントに来た子どもたちにベイスターズのTシャツや帽子を配っていると、「弱くてカッコわるいからいらない」と言われたこともあります。「ライオンズのほうがカッコイイからいい」とも言われてショックを受けたこともありました。

そのとき、「子どもはわかりやすいな。カッコよくなければダメなんだ」と改めて思ったものです。「何がカッコいいか」「何が楽しいか」を知っているのは子どもです。子どもが直感的に「楽しい」「カッコいい」と反応するものが一番いいものだと私は思っています。

ただ私は、仮にチームの成績がよくなくても、「カッコいい球団」になることは可能だと思います。一生懸命に戦う姿を見せれば、それをカッコいいと思ってファンになってくれる子どもは絶対にいる。

のび太がジャイアンに飛びかかるように、弱い者が強い者に必死で立ち向かい、一生懸命戦う姿勢を見せて感動させられれば、必ずしも試合の結果には結びつかなくてもいいのではないかと思います。

すべてが本格的で、大きなお金が動く「東京」のようなブランドは、「横浜らしさ」とは少し異なると私は考えています。そうした挑戦的な姿勢や「ヤンチャさ」こそが、私は横浜らしさだとも思うのです。

72万人の子どもたちにベースボールキャップを配布

私は２０１５年のシーズンオフに、神奈川県と神奈川県教育委員会の協力のもと、神奈川県の小学校、幼稚園・保育園などに通う約72万人の子どもたちに、ベースボールキャップをプレゼントしました。これも「横浜に根づき、横浜とともに歩む」という球団のキーメッセージを行動に移したものです。

私たちが子どもの頃は、学校から家に帰って外に遊びに行こうとすると、「日射病には気をつけなさい」と言って、親が帽子をかぶせてくれました。ホエールズ友の会に入っている友達には、ホエールズの帽子をかぶっている子もいました。

私は「子どもたちには勉強もいいけど、どんどん外で遊んでほしい」と思い、そうやってベースボールキャップのプレゼントを実施しました。プロスポーツの会社ができることは、子どもが元気に遊ぶ場所を横浜と神奈川のそこかしこに作り続けていくことだと考えていたからです。

もちろん遊ぶスポーツは野球でなくてもかまいません。サッカーでも、テニスでも、どんなスポーツでもいいのです。

子どもたちが成長過程で、何かスポーツに触れてもらいたいと思っていました。スポーツをしたり外で遊ぶことが、子どもの心身の健康と成長に大きく寄与し、また人と人をつなぐきっかけであり続けてほしいと思っていました。

ベイスターズで子ども向けの企画を数多く行ったのは、「街の未来、横浜の未来、日本の未来を作るのは子どもたちだ」と思っていたからです。

なお、この帽子のプレゼントには配布まで含めて1・5億円程度の費用がかかりました。横浜DeNAベイスターズの本社にとっては想定していた費用を超えていたようで、「そんなにお金を使って何の意味があるのか」と責められました。ただ、このプレゼントがニュースとして非常に広く報じられ、称賛の声も集まると、本社は何も言わなくなりました。

私が企画やイベントを行うときに意識しているのは、「常に本質的なことをする」ということです。それに民意の根幹を掴まえることでした。

たとえばベイスターズのお客さんを増やすにも、ただ広告費を大量に使って、目先のお客さんを増やすだけでは本質的なことではありません。

ベイスターズはプロ野球の球団で、地域におけるプロスポーツ・エンターテインメントを手がける興行会社です。その根幹には「地域の子どもを遊ばせること」や「地域の人を楽しませること」があるべきです。どんな企業でも、企業としての本質を突いた行動をしないと、民意は獲得できないと私は思っています。そういう点でも、プロ野球の仕事は政治に似ているところが多くあると思います。

なお近年は、このベースボールキャップのプレゼントに触発されたのか、プロスポーツチームが地域の子どもたちにプレゼントを行う企画が頻繁に行われるようになっています。神奈川県内に住んでいるうちの子どもも、湘南ベルマーレが作ったコロナ対策のマスクとか、ベイスターズの巾着袋とかを学校でよくもらってきます。

そうした動きを批判するつもりはありませんが、「物配り合戦」のようなものになったら私は意味がないと考えます。「何のために、どうしてプレゼントをしたいのか」という本質的なメッセージが子どもの心に届くことで、子どもは心を踊らせるのだと思います。

大人はきれいごとだけでは楽しめない――東京の社長たちのハマスタ接待

私はベイスターズを「経営面でもしっかりしていて、革新的・挑戦的で、カッコよくオシャレな球団にしたい」という思いから、広告からグッズまで、すべてのデザインにもこだわりました。

「＋B《プラス・ビー》」というライフスタイルショップも作りました。「ベイスターズエール」「ベイスターズラガー」という球団オリジナル醸造のビールも作りました。

横浜公園内にオープンさせた「＋B」の店頭で提供するコーヒーも、上質なコーヒー豆を自ら探しました。豆とノウハウの提供で組んでくれる三軒茶屋のイケてる珈琲屋《コーヒー》さんを探し当てました。ボールパークでコーヒーを飲む雰囲気を存分に楽しめるだけでなく、純粋にコーヒーとしても美味しい「本物」を追求しました。

そうした大人をターゲットにした取り組みの一つとして、東京の芸能人や芸能界の偉い人たちをVIPルームに招待する取り組みも頻繁に行っていました。東京のメディアやエンタメ系の会社の社長さんや偉い人もよく招きました。

そのVIPルームに最初に座ったのは長嶋茂雄さんです。「長嶋さんが野球を見た部屋です」と伝えると、みなさん喜んでくれました。VIPを招いたときは、試合終了後の夜に遊ぶ場所も予約して案内しました。

球場に来る人の中には野球の観戦や応援が目的ではなく、「野球を見ながら部下や家族と楽しみたい」という人も一定数います。「この部屋、俺が球団社長に用意させたんだよ」なんて自慢してもらって、ベイスターズエールを飲んでいい気分になってもらえればいいと思いました。

そうやって横浜の街と横浜の夜を楽しめば、その人は大満足です。阪神ファンでも広島ファンでも、そうやって横浜スタジアムと横浜の街を気に入ってもらえれば、大成功だと私は思っていました。

そのようにしてVIPルームを用意したことで、東京の芸能界の人たちやメディアやエンタメ系の偉い人たちの中で、横浜スタジアムと横浜DeNAベイスターズと横浜の街を気に入ってくれた人も多いです。結果的にマスコミでのベイスターズの露出も増えました。

子どもには純粋に楽しんでもらうべきですが、大人はきれいごとだけでは楽しんでくれません。やはり清濁あわせ呑むことが必要です。

経営の世界も政治もそうですが、トップは「本当に楽しいことは何か」を知っていて、汚れ仕事も厭《いと》わないような人間でないと、人を心から楽しませることはできないのではないかと思います。表の部分と裏の部分のどちらが欠けてもダメなのです。

なお、どこのスタジアムにも、その球団の親会社の社長や偉い人が、商売相手を接待する部屋はあります。しかし、親会社の社長や偉い人に接待されても、商談をしている気分になってしまうでしょう。そうする必要があるときもあるでしょう。でも、それでは本気では楽しめませんよね。

私はそういった部屋を、懇意にしている相手に、その人の使いやすいように自由に使ってもらうのが〝粋《いき》〟だと思っています。ほかの球団のやり方と私のやり方と、みなさんはどちらが「本質的」だと感じますか？

私の時代は芸能界とのコネクションもあったので、三浦大輔選手（当時）の引退試合のときなども、矢沢永吉さんからメッセージをもらうことができました。

当時のコネクションやＶＩＰルームの使い方が引き継がれているのかどうかはわかりません。これからも、自分たちの利益よりも、多くの人々を「楽しませる」ことと「地域を元気にすること」を優先するベイスターズであり続けてほしいと願っています。

東京ドームに行って「水道橋を好きになる人」がいない理由

スタジアムを訪れたVIPにも周辺の街も楽しんでもらえば、その人は球団とスタジアムとその街のファンになってくれます。でも東京ドームに野球を観に行って、「水道橋が好きになった」と言って帰っていく人は少ないように私は思います。

それは、球団がそういうコミュニケーションをしていないし、野球を軸にした街づくりをしていないからでしょう。これからは東京ドームも、三井不動産が入ったことで、シャワー効果を出せるような街づくりができるといいのではないかと私などは思います。東京ドームをリゾート地のようにして、その中だけに人を囲うのではなく、街づくりも含めて考えられると、「お金が回る仕組み」もできていいのではないかと私などは考えるのです。

私だったらたとえば東京ドームの「城下町」をもっと広くとらえて、水道橋や神保《じんぼう》町《ちょう》など周辺一帯に、巨人色をもっと色濃く根づかせます。VIPが来たときは、読売オーナー御用達《ごようたし》のパレスホテル東京のレストランの高級コースを一緒に楽しんでもらうのもいいかもしれません。

書店やカレーで有名な神保町で、巨人色を強く出し、野球漫画や野球の書籍だらけの古本屋を自分たちで営んでもいいですね。そこでは巨大な巨人の野球ヘルメットが入り口の屋根になっていてもいいかもしれません。巨人の選手が寮で食べているカレーを出すカレー屋さんがあってもいいでしょう。

しかし、球団によって考え方は違うでしょう。街づくりや地域活性化まで考えるプロスポーツ球団もあれば、そうでない球団も当然ながらあるでしょう。

巨人を例にして勝手に書いてきましたが、これと同じような形で、私が球団社長だった頃の横浜DeNAベイスターズは、ハマスタとハマスタを核とした街づくりをいろいろ考えていました。そして横浜らしいお客さんの楽しませ方を考えて、どんどん実現していきました。

「1998年の優勝の記憶」で市民の心の琴線に触れる

街の人たちを楽しませるには、みんなの心に根づいた「記憶」を活用するのも有効です。横浜の場合は、1998年のリーグ優勝と日本一になったときの記憶がそれに当たります。

1978年の横浜移転後、大洋ホエールズから横浜大洋ホエールズ、横浜ベイスターズ時代も含め、優勝は、その年のたった1回だけです。

1998年の横浜ベイスターズは、マシンガン打線といわれた打撃陣が大爆発しました。ハマの大魔神と呼ばれた守護神・佐々木主浩《かづひろ》さんは、防御率0・64という圧倒的な好成績を残しました。

シーズン中の9月19日には横浜の優勝を祈願して、横浜駅東口の地下街ポルタ内に「ハマの大魔神社」も設置。佐々木さんのフォークボールの握りを再現したブロンズ像が「ご神体」とされていました。

「ハマの大魔神」がこの年の新語・流行語大賞を受賞したことからも、同年の佐々木さんの活躍とベイスターズの優勝が社会現象になっていたことがわかるでしょう。

話はずれますが、佐々木さんがゴルフのドライバーを打つと、飛距離がすごいんです。ドライバーを佐々木大魔神が持つと、爪楊枝のように私には見えました。

同じ1998年には、横浜高校が甲子園の春夏連覇を達成します。その年のエースが松坂大輔投手で、夏の甲子園の決勝戦ではノーヒットノーランを達成して世間を驚かせました。

つまり1998年は横浜の野球が猛烈な盛り上がりを見せた年。その頃に横浜に住んでいた人は、その当時の記憶が深く刻まれているでしょう。

野球に興味がない人も、ハマの大魔神社のニュースなどは見聞きしていたでしょう。関内の大通りで紙吹雪が舞った光景を覚えている人もいるでしょう。その頃に横浜で暮らしていた親から、当時の話を聞いたことがある人も多いはずです。

ちなみに私は1998年当時、ちょうど大学を休学してオーストラリアに行っていました。それでも当時の横浜の熱狂ぶりは記憶に残っています。

しかし1998年のチームを率いた権藤《ごんどう》博監督が2年後に退任すると、チームはまたも低迷期に入ります。優勝の記憶は忘れ去られ、横浜スタジアムは市民が足を運ばない場所になってしまいました。

街の中核にあるハマスタとベイスターズが、街と市民のために進化し続け、楽しませ続けられなかったことで、関内の街全体もどこか元気がなく寂しくなってしまったわけです。

コミュニティボールパーク化構想

そうした1998年の記憶を取り戻してもらうために、私はさまざまな企画を行いました。横浜大洋ホエールズ時代に「マリンくん」というマスコットがいました。横浜ベイスターズ発足（1992年）以降はいなくなってしまったマリンくんを、ハマスタの友好的TOBを成立させた年に復活させました。

1998年のユニフォームを彷彿《ほうふつ》とさせる「伝統のブルー」を使ったビジターユニフォームを復活させたこともあります。優勝当時の写真を使用したベースボールカードが付いた「レジェンドカード付きチケット」を販売したこともありました。

主なターゲットの中心に据えたのは、松坂世代（松坂大輔投手と同学年に当たる1980年4月2日から1981年4月1日に生まれた人たちを真ん中にして、その前後の世代）。当時、30代から40代前半になっていたアクティブサラリーマン層です。

彼らは1998年の熱狂をど真ん中で受け止めた世代で、その頃には小学生くらいの子どもを持つパパになっていた人も多いです。「子どもも一緒に出かけられるようになったし、久々にちょっとハマスタに行ってみるか」と試合を見に来てくれる可能性は大いにありました。

その世代の両親も70代くらいの人が多いでしょうから、「おおそうか、じゃあ孫とベイスターズを見に行くか。俺の頃は大洋ホエールズだったんだよ」などと言いながら、ハマスタに来てくれる可能性も高いわけです。

要するに、野球を〝つまみ〟にして、3世代にわたるコミュニケーションが育まれるといいなと思ったのです。そのコミュニケーションから、地域社会のさまざまなコミュニティの絆を育んでほしいという思いもありました。そういう思いを込めて、私はスタジアムとその周辺の横浜公園を「コミュニティボールパーク」と位置づけました。

芝生エリアを活用して「ハマスタBAYビアガーデン」というビアガーデンを開催しましたし、遊具などを設置した「ファミリーBAYパーク」も作りました。

ビアガーデンには約2000万円の大型ビジョンを設置。野球のない日もビアガーデンは営業しました。

そうやってスタジアムの中までは来ない市民にも野球との接点を設けていったのです。野球のない日の夜の球場の周囲（特に横浜公園の裏側）は、以前は「真っ暗で怖くて歩けない」と言われるような場所でしたが、「Dream Gate」などのカッコイイネオンも新設したりして、いつも賑わいのある楽しい場所に生まれ変わりました。

こうしたことが、私が野球を軸に行った街づくりの実例です。市民の心の琴線に触れるような「楽しかった記憶」を活用できたのは、私自身が横浜市で生まれ育ってきたからこそだと思います。

行政も含めて、横浜のことは、横浜のことを深く知っている人がトップに立たないと、市民の心や民意はついてこないと思います。横浜に生まれ、横浜とともに成長し、横浜の地で刻まれた多くの思い出を持つ人がトップに立つべきだと、私などはそう強く思うのです。

ハマスタでは何をするにも行政に相談が必要

なおハマスタの中ではどんな改修をするときも、ハマスタの周囲の横浜公園内でどんなイベントをするときにも、行政との相談・調整が必要でした。それも私が「スポーツは結局政治だ」と感じた理由の一つです。

そもそも本拠地の横浜スタジアムは、何度か触れたように、横浜青年会議所の故鶴岡博さんたちが中心になって出資を募り、市民株主が大株主となって造られた球場です。その後の増資に伴って、横浜市も株式の5パーセントを保有。地元横浜の企業や各テレビ局、建設会社なども株式を保有しています。

また球場が立地する横浜公園の土地は国有地です。そこに第三セクターの株式会社横浜スタジアムが球場を建設したわけです。ただし、公園である公有地で、民間企業が保有・運営する施設を設置し続けることは法律上できません。

そこで「建設は株式会社横浜スタジアムが行ったうえで横浜市に施設を無償譲渡《じょうと》し、その引き換えに管理・運営を株式会社横浜スタジアムが行う」という形がとられました。

そうした複雑な経緯により、私が球団社長に就任した時点では、横浜スタジアムは横浜市の所有物となっていました。スタジアムが建つ横浜公園も、横浜市が国有地の無償貸付を受ける形で管理されていました。

そのため、スタジアムの周辺で何かのイベントを行ったり、施設の整備を行ったりするときには、常に行政との相談が必要だったわけです。

スタジアムとの一体経営ができたのは街づくりが市民から支持されたから

私は、横浜DeNAベイスターズの社長に就任したときから、横浜スタジアムの運営会社に対して株式公開買付（友好的TOB）などをし、球団と球場の一体経営にすることを一つの目標にしていました。

ファンサービスをよりよくするため、スタジアムの改修などを大胆に迅速に実施するためであることはもちろんですが、横浜スタジアムの運営会社が別会社の状況では、年間使用料としてチケット収入の13パーセントをスタジアム側に支払う必要がありました。球場内での飲食収入や広告収入のほとんどがスタジアム側のものとなる契約だったことも大きな理由です。

なおチケット収入から球場へ支払う割合は、DeNAがベイスターズのオーナー企業となった際に、25パーセントから13パーセントに軽減されたという経緯があるとはいえ、負担としてはまだ大きなものでした。

たとえば2015年のシーズンの横浜スタジアムの観客動員数は180万人を超え、スタジアムの座席稼働率は90パーセントにもなりましたが、それでも球団は約3億円の赤字を計上していました。一方の球場運営会社は数億円の黒字を毎年出し続けていました。

それに球団と球場の運営会社が別々の状況では、スタジアムの飲食事業に球団がタッチできないことも問題でした。それでも美味しくない食べものを出されたり、球場の警備員の態度が悪いと、苦情はベイスターズに届いたりする。それに観客はコンビニ袋に入れた食べものやビールを持ち込んでいるという状況でした。

マイホームにお客さんを呼んで、ミシュランのレストランみたいな食事が出てくるなら話は別ですが、提供する食べものは自分たちで選べない。そのような不十分なホスピタリティでは、家に来たお客さんに申し訳ありません。

ファンサービスをしっかりと行い、球団とチームが横浜に根づいていくためにも、健全経営を実現するためにも、運営会社の一体経営のための友好的TOBは絶対に必要なことでした。

ただ、当時は誰もそれが実現できるとは思っていませんでした。「あれだけいろいろな人が絡んでいてややこしくなっている球場をどうやって買うの?」「前のオーナー企業だったTBSだってどうにもできなかったんだよ」とも言われました。それでも、実際に友好的ＴＯＢを成立させて、一体経営を実現しました。

それができたのは、ここまで書いてきたような街づくりが市民から支持され、「地元横浜から応援される球団」に横浜ＤｅＮＡベイスターズが変わっていったからだと思います。それにベイスターズが「横浜に根づき、横浜とともに歩む」という姿勢を見せられたからだと思っています。

観客増や収入増という目に見える結果を出し、メディアへの露出なども増えたことで、私は地元の財界人からも「池田は東京の本社ではなく、横浜を見て経営してくれている」という評価をもらえるようになりました。座席稼働率が90パーセントを超えても赤字から抜け出せない状態を示したことで、「こんなに観客を増やして、横浜が盛り上がっても、まだ赤字なのか」「そろそろ一体経営を考えたらどうか」「ハマスタを池田に任せてもいい」という声も上がってくるようになりました。

「汚ねえやり方しやがって」と怒られたが、根回しばかりしていたら行政は動かない

　そこで私は友好的TOBに向けた具体的な動きを着々と進めました。まずオーナーズクラブの幹部の方々と話し合い、友好的TOBへの賛同を確かなものとしました。横浜スタジアムの運営会社の個人株主の方たちにも「オーナーズクラブとしては友好的TOBに賛同する」という趣旨の手紙を送付してもらいました。

　個人株主や大口の企業を含むすべての株主への説明会も行いました。そこでは私が自ら壇上に立って、経緯や趣旨や意義を説明し、すべての質問が出尽くすまでお答えしました。

　1978年の建設当時から株式を保有してきた地元企業にも私が直接出向き、株式売却の合意の手続きを地道に進めていきました。

　2016年の1月には友好的TOBが成立。株式会社横浜DeNAベイスターズは以前からの保有分と合わせて約76パーセントの株式を取得し、株式会社横浜スタジアムを連結子会社化しました。その際には「横浜に根づき、横浜とともに歩む」という

キーメッセージをあらゆる広告に展開し、ハマスタの魂を守っていく意思を広く伝えました。

このように私は一つ一つの手順を丁寧に積み上げていきました。それは「ハマスタを作ったのは横浜の民間の人たちだ」という歴史を尊重しながら行ったことでした。

一方で、横浜市は市民が中心に作り上げたスタジアムを無償譲渡された立場です。そのため私は「この友好的ＴＯＢに際して、すべての過程を市に報告する義務はないし、市の言いなりになる必要もない」と思いました。

というのも、「市に報告してご意見をうかがいながら進めても、責任逃れのためにあちこちにいい顔をされて、結局は何にも進まなくなる。あるいは、もっとしがらみにまみれたものになる」と考えていたからです。

ですから前述の通り、友好的ＴＯＢの動きを具体化するとき、横浜市に対して「このような形で買収を進めます」という仁義は切りませんでした。そのため途中で横浜市からは「事前に説明がなかった」「そういうやり方は違う」と言われました。当時の市の幹部には呼び出され、「汚《きた》ねえやり方しやがって」と怒鳴られたことは前に書いた通りです。

しかし私は法律違反をしたわけではありません。「何が悪いんですか」というスタンスを保ったままでその人の話を聞きました。一方、ここに書いたような考えを改めて説明しました。

これも前述しましたが、するとその幹部は「確かにこの方法でしかベイスターズとハマスタの一体経営はありえなかったんだろうな」と言ってくれました。

行政というのは、その人の言う通り、簡単には動きません。かといって、手順を踏んで仁義を切って、一つ一つを丁寧に進めていくと、結局は大したことはできなかったり、結局失敗したりします。

ハマスタの買収も、市に事前に話を通していたら「この会社を株主に入れて、取締役にはこの会社とこの会社のこの人も入れてくれないと丸く収まらない」などの話が出てきたでしょう。そんな調整をしていたら、友好的ＴＯＢなど実現していなかった可能性もあります。

その結果、もしかしたらハマスタは、ややこしい利権がからまったままで、東京オリンピックの野球・ソフトボールの会場に選定されることもなかったかもしれません。混沌とした地域のしがらみに縛られたままだったら、今よりもっとつまらないスタジアムになっていた可能性も高いです。

私は民間の人間なので、行政のように責任回避のために行われる（ように見える）複雑な手順、不必要と思えるような手順はなるべく省略しようと試みます。ゴールありきでものごとを一気に動かすほうが、成功する確率が格段に高くなります。

それは別に汚いやり方では全然なく、「よいことを大胆に迅速に実現するため」に行っていることです。そうした民間の経営者としてのものごとの動かし方を、そろそろ行政も採用していく時代なのではないかと思います。

街づくりのために、歴史建造物を「THE BAYS」に

ハマスタ周辺で街づくりを進めるなかで、ハマスタの目の前にある旧関東財務局横浜財務事務所の指定管理者になりました。その建物は横浜市所有の指定有形文化財で、

もともと日本綿花（総合商社である双日《そうじつ》の前身企業の一つ）の横浜支店として1928年（昭和3年）に竣工した建物です。

2013年に旧関東財務局横浜財務事務所が横浜市指定有形文化財になった後、横浜DeNAベイスターズが活用事業者の公募で行った提案が採用され、2016年に指定管理者となりました。現在は横浜DeNAベイスターズの「THE BAYS（ザ・ベイス）」という施設として運営しており、「横浜スポーツタウン構想」の中核に位置する施設となっています。

私が社長として関わったのは、指定管理権の取得から、〝スポーツを軸とした街の新たな拠点〟となるためのグランドデザイン策定、それに基づく改修工事の途中までです。工期が半年以上遅れたことで、残念ながら社長在任中にはオープンを見届けることができませんでした。

私がスタジアムの目の前の〝一丁目一番地〟である歴史建造物の指定管理権を取ったのは、もちろん街づくりのためです。そして、「THE BAYS」の真横を通る日本大通りに向けてスタジアムを開け放ち、ペリーが着いた港までを見渡せるようにしたかったからです。そうすることが、私が思い描いた理想のスタジアム像でした。

そのハマスタのイメージCGは、横浜DeNAベイスターズが編著者となり、私が実際に見て回ったメジャーリーグの球場を取り上げて理想のスタジアム像を示したフォトブック『BALLPARK』（ダイヤモンド社）にも収録しました。

なおライトスタンド側に開けたスタジアムの形状は、同じ港町であるサンフランシスコのスタジアムであるオラクル・パークへのオマージュです。オラクル・パークは外野の一角がフェンスになっていて開け放たれており、外から中の景色が見渡せるのです。さらには、スタンド背後の海へ落ちるホームラン「スプラッシュ・ヒット」が名物です。

また移転の決まっていた市役所の跡地を「ベイスターズホテル」にする構想も私は持っていました。なお市役所の跡地は宿泊施設を含めた超高層複合ビルになる計画が決まり、DeNAもそこに参画しているようです。それは私が思い描いていた構想と比べると、横浜DeNAベイスターズの主体性が縮小した形になっています。

では次章では、私は経営者として、どのように横浜ＤｅＮＡベイスターズを再生させたのかを紹介させていただきます。あわせて、横浜ＤｅＮＡベイスターズを再生させた経営手法を市政にどう活かすべきかの提案もさせていただきます。

第4章

企業再生の手法で考える市政改革のための提言

経営の手法で横浜市政も変革すべき

私は経営者として、組織改革を伴う企業再生を何度も成し遂げてきました。それに大好きな仕事がマーケティングです。行政においては「市民としっかりコミュニケーションを取ること」もマーケティングだと思っています。

経営者としての経験から考えると、行政組織も「経営の手法」で動かし、変革することが間違いなく可能だと私は思います。今の時代向けに、アップデートした行政組織へと変革することが、行政にとって大きな課題ではないでしょうか。

令和3年（2021年）度の横浜市の一般会計の予算は2兆73億円。特別会計と公営企業会計を含めた全会計は3兆9020億円です。私が社長に就任した頃の横浜DeNAベイスターズの年間予算は50億円程度でした。

横浜スタジアムの運営会社を買収した後は、連結すると年間予算が150億円程度になりました。さまざまな企業再生に20代からずっと携わってきた経験から、数字が大きくなっても、経営者として行うことは基本的に同じだと思っています。

そこで本章では、私が横浜ＤｅＮＡベイスターズやさいたまブロンコスで行ってきた企業再生の手法を紹介しながら、その手法を市政運営や市役所改革にも活かすための提言をしていきます。

経営とは、「いまある資源で、組織が自律的に回る状態を作ること」

まず、私が考える「経営」の根幹とはどのようなものかを説明します。

私が考える経営とは、「お金儲け主義」のことではありません。経営の根幹とは、いま持っている資源を有効活用して、社会的意義を創出し、組織が自律的に回る状態を作ることです。そして、その組織に関わる人たちが、組織とともに自身も「成長」し、「富」や「幸せ」などの利益を得られる状態を作ることです。

経営者とは、そうした資源の活用法を示し、未来を示し、組織を引っ張り、組織を動かしていく人のことです。

資源の有効活用と、組織の改革を行う過程では、各種のコストの最適化をはかります。不採算の事業を取りやめることもあります。ときには人員の大幅な配置換えなどのリストラも行います。

私はリストラ（Restructuring、組織の再構築）は当然行いますが、単なる人員整理や人員削減のためのリストラは行いません。今の時代、「中庸」の精神で、すべてを平等に扱うことが経営ではありません。

「みんなのバランスを取って、みんながハッピーになる」「頑張らない人も何もしなくても報われる」といった世界は存在しないと思っています。それは行政の世界でも同じでしょう。

変革を成す人＝壊し屋ではない

ただ、誤解しないでいただきたいのですが、私を含め、企業や行政において変革を成す人が、すべてを破壊する「壊し屋」なわけではありません。ものごとをうまく回すために変える部分は変えますが、維持すべきところは維持します。利権を持った人間を片っ端から排除するわけでもありません。

自分の考え方の根幹を変えない範囲で、仕事のやり方を置かれた立場にアジャストする作業も行います。横浜DeNAベイスターズのときは、新しい事業を始めるときも親会社に説明できるような体裁をきちんと整えました。プロ野球の球団として培ってきたブランドを傷つけないよう、いつも配慮をしてきました。

他球団とも歩調を合わせましたし、市とも一定の関係を保って対話を続けました。街の重鎮にも必要なときには会いに行き、とことん説明しました。

自由にやっているように見えても、ブルドーザーのような力わざだけでは変革はなしえません。実は相当な自重をして、細かな調整をしなくては、変革は成し遂げられないのです。

最近、ある有力な政治家の方と雑談をしていた際も、「やりたいことをやるためには、政治の世界では呑まなければいけないことも多い。池田さんも変革するときは、何でもすべて自分の想い通りになるわけではなかったのではないですか。清濁あわせ呑んでいたのですか」と聞かれました。

私は常にギリギリの部分を攻める人間です。それに、しがらみと保身が、変革のためには一番の障害になることを熟知しています。

私は横浜ＤｅＮＡベイスターズの社長として球団を変え、ハマスタを変えました。ときには清濁もあわせ呑んできたし、ゴールに向かうために必要な判断を是々非々で柔軟に行ってきました。

「本当はここも変革したいが、ここは反対派を多くつくりすぎるから、あの人の要求を呑んでおこう」と判断する場合もありました。「ここまでやると民意が離れるな。組織の人間の心が離れていくな」といった空気を察知したときは、自らの手綱《たづな》をゆるめました。

日本の行政のトップは、経営の経験がない人がほとんどです。リーダーシップをまったく発揮しておらず、職員や市民からも大した期待も寄せられず、いてもいなくても大した差はないお飾りのような存在になっている人もいます。

職員の心が離れた状態で改革を進めれば、トップが新たな政策を示しても、部下たちは「できません」と答えるでしょう。保身が渦巻く組織や行政でありがちな、部下たちが「できない理由」ばかりを並べた資料を出してくるようになるかもしれません。

理想や正義ばかりを追いかけて、自らの理想や正義をまったく曲げない人間は、経営者としても行政のトップとしても、組織を動かすのは難しいでしょう。経営も行政も、リーダーシップを発揮するときは柔軟である必要があります。

中に入らないと、数字の意味も「何がムダか」もわからない

経営者の仕事とは、具体的には何をすることか。

経営者の仕事の基本の一つは、貸借《たいしゃく》対照表、損益《そんえき》計算書、キャッシュフロー計算書などの財務諸表の数字が意味するところを見極めることです。そのうえで「現場」を理解して、それぞれの事業にかけている予算や人員を確認し、そのコストを最適化することです。

私は20代の頃から企業再生の仕事を続けてきた人間です。財務諸表を見て、その数字の意味を確かめて、ムダを省いていくのは得意中の得意です。

ただし、その数字の持つ本当の意味や、どこにどれだけムダなお金が使われているかは、実際に組織の中に入ってみないとわかりません。組織の中に入り、「このお金は何にいくら使っているのか」「ここに何人の人員を割いているのか」「この仕事はどこに発注しているのか」などを知ってから、初めてわかることが多いのです。「現場」を細かく見ないと、わからないことも多いのです。

たとえば「市長の公用車はどんな車か」を、一般市民は知らないはずです。もしかすると、とてつもない高級車に乗っている可能性だってあります。

政治の世界では、公費などがいくらで、何にどう使われているのかなど、よくわからないことも多いのではないでしょうか。開示義務がしっかりあるようでも、詳しい情報となると実はあいまいで、公開する側も「都合の悪いことはわからないように書いている」ことが多いのではないでしょうか。

それは一般企業でも行政でもほとんど同じでしょう。

だからこそ、組織の中に入らない限りどこに・どんなムダがあるかはわからないですし、具体的な削減案の提示も難しいのです。

社外取締役や理事には組織を動かす力はない

私は社外取締役を数多く経験してきたので、そのあたりの事情はよく知っています。ある企業で社外取締役を務めたとき、踏み込んだことを確認しようとすると嫌がられ、「君は風呂屋の番頭になりたいのか」と言われたこともあります。

風呂屋の番台に座る番頭は、見えてはいけない脱衣所の中も見えるし、お金の動きもわかります。ボイラーの様子なども自由に見ることができます。

その人が言いたかったのは、「君は社外取締役だから、そこまでの場所に立つ必要はない。風呂屋の天井の上からぼんやり中を見てくれていればいい。裸が見えても『すべてはよく見えない』くらいがちょうどいいんだよ」ということだと私は判断しました。

社外取締役の選任は法律で定められているので、会社としての体裁を整えることを主眼に社外取締役を置いている企業も実は多いと私は思います。そうした企業の社外取締役に求められているのは表面的な数字と経営概況をチェックすること。赤字でなければ、「いい会社だ」「取締役会できちんと議論が行われている」と認めることです。

日本の企業側は社外取締役に余計なことを言われると面倒なことも多いのでしょう。世界をリードするサンフランシスコのＩＴ企業では、バリバリの若手経営者が本質を突くような発言をするのを期待して、相互に社外取締役として採用したりします。そうやって互いに厳しく示唆し合ったりするわけです。

ところが日本ではそのような厳しい指摘を期待して社外取締役を起用するのではなく、会社と利害関係を持つ社を定年退職した人などの中から社外取締役を選ぶこともよくあるように思います。

「引退した後もこれぐらい稼げれば旅行にも行けるな」「貯金に手をつけなくても済むな」と思えるぐらいの報酬をもらって、忖度しながら社外取締役を務めている人にはあまり存在価値はないでしょう。

なお私は社外取締役だけでなく、理事の仕事も多く経験してきました。理事にも組織を動かす力はありません。

理事に求められる仕事は「定期的に開催される理事会に出席すること」です。理事会では歯に衣着せぬ大胆な発言が期待されているわけではありません。本気で主張をぶつけ合うような場面を私は見たことがありません。

理事には、経営の中枢《ちゅうすう》にいる人や、別の理事（その理事より上の立場にいる理事）を後押しするような意見を言うことが求められている場合がほとんどです。アドバイザーのような立場と変わりありません。

私の場合は忖度せずにものを言うので、「外からの意見が必要だ」「池田さんの外からの意見で我々の行動や意識に変化が生まれた」と言われたこともありました。それでも、そこには「あなたはあくまで外の人」というニュアンスが含まれていることをいつも感じていました。そのように言われながら、ある期間が過ぎると、そのうちお払い箱にされるか厄介払いされます。

そういう立場なら最初にそう言ってもらえればそのように振る舞います。しかし、いつも「変革するための意思」を期待されるので、私は忖度せずに発言しています。しかし結局、変革する覚悟がないのをいつも見てきました。

理事や社外取締役は、アイデアを出すことはできても、自分で使えるツールや組織を持っていない。そのため、理事や社外取締役の立場で、自分のアイデアを実現することは非常に困難です。

社外取締役や理事としての経験が続いたことで、「これは自分でオーナーシップを持つしかないな」と思った私は、スポーツチームの買収をいくつか試みました。その中で実際にプロバスケットボールチーム「さいたまブロンコス」を買収しました。そしてブロンコスの経営をして、再生をしたわけです。

やはり改革や変革を行うことはハンパな立場では難しく、本当のトップになることが必要なのです。

全職員との面談で会社の空気や文化を把握

私が横浜ＤｅＮＡベイスターズの組織再生で行ってきたことには、そのまま行政の変革のプロセスに転用可能なことも多いと思います。その一つが時間をかけた職員との面談です。

私がベイスターズの社長に就任してから行ったのは、ベイスターズの全職員・全チームスタッフと30分ずつ面談をすることでした。ブロンコスでは全選手とも面談をしました。

ベイスターズでは12月から面談を始めて、オープン戦前のキャンプが終わる頃まで時間がかかりました。話した相手は合計で150人ほどいたはずです。

全員との面談は、私の考えを伝えるために行うものではありません。会社の空気や文化を知るためであり、みんなが会社で何をしたくて、何に不満を感じているのかを知るために行うものです。

私は面談の際、その人の社内の評判などは一切気にせず、自分の好き嫌いでは一切判断せず、接したときの発言と印象を大事にすることを意識しました。

そのため、面談ではヒアリングに徹します。「いま、どんな仕事をしていますか？」「毎日楽しいですか？」「この会社のいいところとよくないところを挙げてもらえますか？」「どんな部署で、どんな仕事をしたいですか？」「この会社は今後どうあるべきだと思いますか？」といった質問をざっくばらんにしていきます。

そのように話を聞くことで、「いま組織の人間がどのように仕事に取り組んでいるのか」「この組織にはどんな仕事があるのか」「どんな空気が流れているのか」という全体感が掴めます。その全体感を掴んだうえで、組織の再生を進めていくわけです。

そこでベイスターズの若手社員に言われて一番印象に残っているのは「自分たちは灰色に濁って淀んだ水槽で泳いでいる金魚なんです。池田さん、全部水を取り替えてください！」という言葉でした。当時の会社にはパソコンもなく、部門を越えてコミュニケーションを取ることもない状態でした。

組織のタコツボ化は極限まで進んでおり、若くて実績のある人間に思い切って仕事を託せない状況もありました。まさに「昭和から続くプロ野球の会社」といった雰囲気でしたし、この社内の文化の改革がとにかく大変でした。

程度の差はあれ、横浜市にもそうした組織のタコツボ化や停滞感はあるのではないでしょうか。不満を抱えている職員も、アイデアを持て余している職員もいると思います。

横浜市の職員は4万人以上いるので、全員との面談は不可能でしょう。しかし新たに市長となった人は、主要な役職や部署から始めて、できる限り多くの職員と膝を突き合わせた面談をすべきでしょう。

丁寧に話を聞いていけば、役所の何を、どう変えていくべきかが見えてくるはずです。面談をしてみると「私はこういうことをしたい」というアイデアを持っている人は本当に多いですから。

ただ、停滞している組織では、上層部や中間層が腐敗していたり、そこに問題が集積している場合がほとんどです。自分たちにアイデアなんてそもそもなかったり、アイデアを言いづらい空気を作っていたりします。アイデアを採用することもせず、挑戦もさせなかったりするのが、停滞している組織に典型的な特徴です。

面談の中では、匿名の形でかまわないので、「派閥づくりや個人的な利益や感情を優先する人」「陰口ばかりでよくない空気の流れを作り、仕事の流れを滞らせる人」「仕事をブラックボックス化して抱え込み、外から見えなくする人」などの情報を把握しておくのも大事です。そうすれば組織の〝悪の元凶〟を早い段階で取り除けますし、アイデアや実力を持った人を引き上げることもできます。そうすれば、新しいプロジェクトをスムーズに進めることができるようになっていくでしょう。

新しいリーダーが新しい行動規範を作れ

新たに組織のリーダーになった人間は、新たな行動規範を示すことも必要です。私は横浜DeNAベイスターズの社長に就任したとき、「横浜DeNAベイスターズクオリティ」という社員の行動規範を作りました。もちろんオーナー企業のDeNAにも行動規範はありましたが、変革を必要とする組織では、その新しいトップが変革に見合った行動規範を作るべきでしょう。

さいたまブロンコスでもBroncos Team Quality「Wild Power 10箇条」という行動規範を、ファンも見ることを前提として、少しキャッチーなものにして作成しました。その内容は、「其の一、仕事に誠実」「其の二、プロのクオリティ」「其の三、稼ぐ力。経営ファースト」「其の四、役割の完遂と仲間への責任」……と続くものですが、選手も職員も、この10箇条を持たない人は組織にとって不要だと私は考えています。

なお、「其の三、稼ぐ力。経営ファースト」は、「経営とはお金儲け主義のことではない」という先の言葉と矛盾するのではないかと思う方もいらっしゃると思うので、補足しておきます。

それぞれの企業や組織には、それぞれ個別の課題があります。ブロンコスが再生するための課題は、全員が高いコスト意識を持ち、「チームファースト（最優先）ではなくなること」でした。

「自分のお金だったら、本当にそんなことに、そんなにお金使いますか？」「あなたが使うお金は、誰がどうやって稼いでいるのか知っていますか？」と言いたくなるようなことに、ブロンコスのチームではお金が使われていました。「自分で稼いだお金なら、自分がやりたい仕事に使っていいですよ……」と思ってもらうための意識改革が必要でした。

スポーツチームによくある話なのですが、フロントや経営を敵視して、チームファーストになってしまい、「選手が暑いからとにかくクーラーを新しく設置しよう」ということが行われがちです。

先ほど触れた経営ファーストとは「何でもチームや選手のためであることがよくて、経営よりチームを優先していいのか」「いまクーラーを新設することが優先順位として正しいのか。一人一人が経営者のつもりで判断してください」という意味です。

こうした行動規範を新しいリーダーが作らないと、組織は変わりません。たとえば横浜市でも、市長が変わっても同じ行動規範が使われていくのだとしたら、この激動の時代、過渡期といえる時代に、それは非常におかしなことではないでしょうか。

横浜を再生していくためには、変革後の組織をイメージして、現状の課題と理想のゴールに合わせて言葉も作っていかなくてはなりません。そうでないと、組織はこれまでと同じようにしか動きません。

組織のトップが自らの考えを自らの言葉で語ること。それを外部の人にも見てもらうこと。それはとても重要です。ブロンコスの行動規範もホームページに掲載し、堂々と公開しています。

横浜市であれば、インターネットのツールも駆使して、市長が市民に、頻繁かつダイレクトに、言葉を伝えていくべきでしょう。若い世代に見てもらうにはユーチューブの活用は必須でしょう。

私はさいたまブロンコスでユーチューブチャンネルを運営し、毎週木曜日に映像を配信しています。そこではチーム作りに関する私の考えを自分で話すこともしてきました。

後からファンになった人もその映像を見られるように、アーカイブでも残しています。インターネットやＳＮＳによくあることですが、私が率直に話した内容は、当然賛否両論あります。

ちなみに一つ一つの質問にすべて答えるなんて混乱を与えるだけなので、私はやりません。質問の中から、広く伝えるべきことだけに答えることで、伝える努力をしてきました。そうやって個別対応ではなく、ＳＮＳやネットを駆使して、伝え続ける努力を繰り返してきました。

第１回目の配信ではそういった姿勢を示すため、私のプライベートな場所から配信しました。今はコンテンツの幅も広がり、チャンネル登録者も５００人、１０００人……と増えてきています。

映像配信は行政でも必須のものになるでしょうし、その流れを横浜市からもっと作っていってほしいです。そうやって若い世代も政治や市政運営に関心を持てるようにしてあげてほしいです。

もちろんツイッターやフェイスブック、インスタグラムなどの活用も必須でしょう。今も何らかの形ではやっているのでしょうが、ＳＮＳでは、もっと本質的なコミュニケーションが必須です。

物議を醸すことを恐れず、さまざまな情報を発信していけば、行政はどんどん「透明化」が進みます。行政の長も自らの行動や思考をもっともっと積極的に開示すべきでしょう。

外部人材の投入で組織に健全な新陳代謝を

外部から人材を入れるのも、企業再生に有効な手法の一つでしょう。新しい血を入れ、新しい頭脳を入れるだけでも、組織の健全な新陳代謝につながります。行政でもこの手法は有効でしょう。

横浜ＤｅＮＡベイスターズ時代は、「野球界の人材を採用することをやめる」という方針を打ち出しました。中途採用の面接でも、ベイスターズや野球界に強い思い入れを持つ人はあえて採らないようにしました。

そうした人はチームや野球を客観視できず、既成概念に囚われているケースが多いからです。既成概念に囚われている人は往々にして、経営ファーストになれず、チームファーストになりがちです。

新たに採用する人材は、その分野のトラックレコード（過去の実績）がしっかりした人を選びました。別の業界のプロフェッショナルを入れてこそ、組織は活性化します。

横浜ＤｅＮＡベイスターズでは、試合運営を担っていた競技運営部的な部署（当時の正確な名称は忘れましたが）を廃止し、エンターテイメント部とホスピタリティ部を創設しました。

エンターテイメント部門にはサザンオールスターズのライブ演出などをしていた人

に外部から相当協力をしてもらいながら、私自身がトップを兼任していました。ホスピタリティ部は日本の有名ホテルのホスピタリティを担ってきた人材に任せました。

当時の横浜DeNAベイスターズの職員が、〝世の中〟を楽しませるということにあまりに疎《うと》かったための改革でしたが、横浜市の行政にも同じような組織改革が必要かもしれません。

また外部から入った人にも、行動規範を理解してもらうことが大事です。どんなに優秀な人でも、同じ方向を向いてもらえなければ意味がありません。向いている方向が違うと、ときにはクーデターを起こし、組織崩壊を誘発する人もいるからです。

組織改革の「初期のミス」をあげつらうのは世の常

そうやって組織を変えていくと、最初は大きな失敗も起こります。

私が昨年（２０２０年）からオーナーを務めてきたさいたまブロンコスも、当初は信頼できるメンバーだけの最小限の人数で運営していました。どの職員も初めて取り組む仕事が多かったので、最初はいくつも失敗がありました。

ただ、１年経つ頃にはみんなが仕事に慣れてきて、ミスはほとんど起こらなくなります。改革の初期にミスが起こることは仕方ありませんが、ルールと体制をきちんと整備すれば、そのミスが徐々に減っていくのも必然です。

この書籍を執筆中の今は６月上旬ですが、世の中では、ワクチン関連の事業でさまざまなミスが起きています。世間から批判も集まっています。でも私はそれは仕方のないことだと思っています。

もちろんワクチンの手配と接種が遅れていることには憤りを感じますが、新しい制度を緊急で整えたり、ものごとを大きく変えたりするときにミスが起きるのは仕方ありません。そうしたミスは許容していかなければいけません。

私はＤｅＮＡというＩＴ企業で働き、ケータイやスマホゲームのリリースに関わっていたので、そのことはよくわかっています。

一つのゲームをリリースするときは、あらゆる機種で動作をチェックして、細かなバグを洗い出していく作業が必要です。それをすべて確認・修正したつもりでも、リリース後には必ずといっていいほどまたバグが見つかります。

そうしたほんの微細なバグを許容せずにいたら、インターネットの世界でのゲームはいつまで経ってもリリースできません。

にもかかわらず、多くの人は「改革の初期に起こるミス」をあげつらいます。あら探しをして、「だから急に組織を変えてはダメなんだ」「素人に任せるからこんなことになるんだ」などと言ってくるわけです。これは企業や行政の改革の過程でもたびたび起こってきたことでしょう。

ただ私は、そうした改革初期に起こる反発の声も、改革の成果が表れ始めると徐々に減っていくことを知っています。だから毀誉褒貶や軋轢をまったく気にせず、どんどん組織を変えていくことができるのです。

でも、多くの人はそうした経験がないので、「なるべくミスをしないように」と何事にも慎重にもなるし、保身にも走ります。その結果、改革が遅々《ちち》として進まないわけです。

行政のミスを許せる世の中に

そうした「ミスを恐れる姿勢」は行政にこそ顕著だと思います。さいたま市で行政と一緒に仕事することが多かったこの1年半、本当にその姿勢に辟易することが多かったのも事実です。

だからこそ私は、もちろん年金の計算ミスなどは困りますが、世の中が、これから挑戦する行政のミスを許容できるようになるべきだと思います。

国政を見ていても、そのことは感じます。新型コロナウイルス対策に関する各所の責任者の発言は、「間違いではない」「試みは成功している」「感染者数が減った」みたいな自分に都合のよい話ばかりですよね。

偉い人たちの多くは、自分がやったことが成功したかのようにしか話さないし、都合の悪いことには触れもしない。批判をする専門家は敵視して、排除しようとする。ましてや、「もっとこうしておけばよかった」と謝罪し、しっかり反省することなどありえない。それは自分も「ミスや失敗は絶対許されない」と思っているからでしょうし、実際にそうした空気が世の中にあるからでしょう。

一方で、今の行政改革担当大臣は、高齢者向けの新型コロナウイルスのワクチン接種で、自治体への予約で混乱が起きていることについて、「効率性よりは平等性のほうを重んじる自治体が多かった。これは完全に私の失敗です」とミスを認めた。

ワクチン接種自体の遅延やワクチン接種のあり方など、ほかにも不備があるのは置いておいて、行政改革担当大臣は誰もミスを認めない世界で初めてミスを認めた。そうしただけで評価されたのです。

私がミスから学んだこと

ミスを恐れる文化はスポーツビジネスの世界にもあります。横浜DeNAベイスターズの社長に就任したときは、「池田さん、野球の世界はメディアの監視があるから怖いですよ。ミスを1回でもしたら叩かれてクビになる世界ですよ」と脅してくる人もいました。

実際に私は就任1年目のシーズン開始前、一つの大きな失敗をしました。沖縄・宜《ぎ》野《の》湾《わん》でのキャンプ中に、インフルエンザを流行させてしまったのです。最初に感染したのは、当時は選手だったラミちゃん（アレックス・ラミレス。2016年シーズンから2020年シーズンまで横浜DeNAベイスターズで監督を務めた）でした。実際に、ラミちゃんを含めて監督選手全員が感染しやすい状況があったのも確かでした。

その年（2012年）は球団が横浜DeNAベイスターズになって初のシーズンということで、キャンプ前に横浜市民と接する機会を増やそうと、横浜ランドマークタワーで大々的なお披露目会をし、握手会なども なるべく数多く開催しました。そういった人出が多い場所で交流を行った影響もあったのでしょう。ラミちゃんがまず発症して、中畑監督が続いて発症。その後、私も発症しました。

当時の私は他球団から「池田は新しく社長になったのにあいさつに来ない」と言われていたので、「今は自分の球団の経営を見るので手一杯だし、沖縄キャンプのタイミングに行こう」と思っていました。それでキャンプ中に全球団にあいさつ回りをしたのですが、あいさつ回りを終えた夕方に悪寒を感じ、診察を受けたらインフルエンザと判明しました。

新聞では「中畑テロ」と書かれ、「選手にインフルエンザが拡大したらどうする」「インフルエンザ対応がなってない」などと私はメディアからの批判の的になりました。「来い」と言われて他球団にあいさつに行ったことについても、「インフルエンザを持ってあいさつに来るとはけしからん」という声がメディアを通じて聞こえてきました。

ここでメディア批判をするつもりはありませんが、メディアは当初、横浜DeNAベイスターズが積極的に行っていたファンサービスをほめたたえていました。それなのに、手のひらを返されたように感じました。

そこで私は「社会的制裁とはこうして起こるのか」と学びました。

ただし、正しいことを続けていけば結果はついてくるし、結果がついてくればメディアはまた手のひらを返して称賛してくれます。そのことも、ベイスターズの社長を務めた5年間で学んだことでした。

役所の人事評価も能力・実績主義に近づけるべき

企業再生において大切なことの一つは、先にも書いたように「コストの最適化」です。これは行政においても同じでしょう。特に肝になるのが人事面でのコストの見直しです。

横浜ＤｅＮＡベイスターズの場合も、選手年俸を除いて、コストがもっとも大きかったのは社員の人件費でした。社歴が長くなると給料が上がっていく仕組みだったので、売り上げと反比例して給料が膨れ上がり、コストが肥大化していたのは必然的な結果でした。

そこで私は人事制度や評価制度、給与体系を見直していきました。変更を行う際は、労働契約法の不利益変更になってはいけないので、その点は知識と経験が必要です。

横浜市の職員は公務員なので、人事評価制度などは動かせない部分が多いでしょう。それでも変えられる部分は変えていくべきです。特に若い世代の職員や、これから採用する職員についてはさまざまな改革ができるはずです。

役所の公務員と民間企業の社員では、人事面で異なることがほかにも多いです。

公務員は不正でも起こさない限り、定年までの勤務継続が見込める一方、頻繁に部署異動があります。その異動がどのような仕組みで行われているのかは、当事者からはほとんど見えません。

そしてローテーションのように異動が行われる組織では、民間では当たり前のレベルで多くの社員が持っている、「本当の意味での仕事への責任感」も生まれません。そうした組織の人間は、「失敗しないできちんとこなすこと」に対する責任感は強いのですが、新しいことに挑戦したり、リスクのある仕事をしたりするときの責任感は異様に低いのです。

仕事で成功しても民間企業のようには給料が上がったり、年次を飛び越えて昇進したり、ボーナスが出たりしないので、リスクを取る仕事へのモチベーションも上がりにくいのでしょう。

私はこの行政の人事の仕組みこそ、可能な部分だけでも民間に近づけるべきだと思います。異動をするときは「あなたはこうした仕事に向いているので、こうした配置をします」ときちんと伝えるべきでしょう。有能な人材はローテーションするだけの人事からは外すべきだし、人事評価は能力・実績主義に近づけていくべきです。評価基準も明確にしていくべきでしょう。

市役所と仕事をしていると、「能力の低い年上の人が上の役職に就いている」というケースが多く見られます。市長などの偉い人に気に入られることしか頭になさそうな人も見かけます。市民のためを思い、市民のほうを向いて仕事をしているのではなく、市長の意向を忖度して仕事をしている人が多い印象を受けるのは、非常に残念なことです。ですから慣習で行われている年功序列も、変革していくべきだと思います。

さいたま市役所とはここ数年、特にこの１年はどっぷり仕事をしてきたので、そういったことをよりいっそう強く思うようになりました。

利権が絡みがちな地元企業への発注は詳しく精査

ベイスターズのコストの最適化では、グッズ等を含めて、会社のすべての発注先の見直しを行いました。「このグッズはどこに発注して、どこにいくら払っているのか」「その企業に発注している背景には、どういうしがらみがあって、どこまで変えることができるのか」「別の企業に発注した場合はどれくらいコストを下げられるのか」といったことを細かく確認していったわけです。

その過程で、取りやめた事業もいくつもあります。たとえば地元企業にベイスターズとのコラボ商品を作ってもらって、それらをまとめて販売しているECサイトは事業自体を取りやめ、ウェブサイトを閉鎖しました。

地元の企業から常駐社員が来ていたりする怪しいケースでは、「何でこの企業から人が来ているの？」と逐一確認するようにしました。

そうした企業内の利権やしがらみの構造は、中に入って細かなチェックを行うことで、初めて表に出てきます。その構造をあぶり出して、必要な整理を行った後は、必要なルールを整備していきます。将来も利権に流されることのないように「この事項を決定するには社長や取締役会の承認が必要」といったルールづくりもします。

ただし、私がすべてをチェックするわけにもいかないので、必要な場所に信頼できる部下を配置し、その人に決裁権を与えることも行いました。企業との癒着構造が実は非常に起こりやすい行政でも、そうした仕組みづくりは絶対に必要だと思います。新たなトップがこうした改革を行っていくと、やはり抵抗や軋轢が起こります。組織で軋轢が起こると、さまざまな形で内部からリークをする人間も出てきます。それでも結果として組織は透明化が進むので、軋轢が起こることを恐れずに行動すべきです。

経営者としての私のモットーの一つは、意外だと思われるかもしれませんが、「みんな仲よく」です。私は人の正義を否定することはしません。人の正義を否定した後、その仕返しとして私の正義が否定されても、無駄な言い争いにしかならないからです。人から私の悪評を聞いても気にしないし、頭にくることがあったら直接話します。なので、人を恨んだりもしません。

言うべきことは言って、ケンカをするなら早い段階でしたほうがいい。言わないで黙っておくのは自分にも相手にもよくないです。

まったく自分勝手にしか仕事をしないのに、経営の文句ばかり裏で言っているような人は、組織の外に出て行ってもらったほうがよいかもしれません。どんなに仕事ができる人でも、組織にとってよくないなら、お引き取り願ったほうがいいでしょう。

本質的な意見で衝突したり、軋轢を生むことから逃げたりすることは、事態を放置し、組織の問題を放置することになります。そして問題が大きくなれば、組織崩壊という最悪の状態を招くだけです。

コストカット後の「新規事業の立ち上げ・成長」が企業再生の真髄

企業再生を専門としている人の中には、とにかくコストカットを徹底して、バランスのよい数字に仕上げた段階で「はい、再生は終わりです」と言って事業から離れる人も多いです。それはそれで一つの仕事のやり方ですが、私はコストカットの徹底は企業再生の始まりにすぎないと思っています。

そこから新しい事業を立ち上げ、その事業をプロモーションすることで話題づくりをし、売り上げを大きくしていくのが本当の経営というものです。そうした事業の立ち上げ・成長のほうが、コストカットよりも難易度が高いものだと思っています。

私が考えている横浜市の新規事業案（横浜市政の中身や実態を知らないので、案というよりは、アイデア集というべきものですが）は、次章で詳しく説明しています。新しい事業が生まれ、そこにアイデアを持っている若い職員を投入すれば、その人たちの持つ力を最大限に発揮してもらえます。新規事業が成長していけば、若くて情熱に溢れ、保身やしがらみなど考えもしない職員をリーダーとして抜擢《ばってき》することができるようになります。また若い人材を新たに採用することもできます。

そうやって組織の血を入れ替えることで、年功序列も徐々に変革していけますし、組織の新陳代謝もよくなるはずです。

費用対効果を数値化したうえで事業を進めるかどうかを決める

日本では、新規事業の意義を説明するうえで、ビジネスとしての費用対効果がきちんと説明されていない印象があります。それは行政においても同じではないでしょうか。

私はマーケティングの分野で仕事を続けてきた人間です。ＤｅＮＡでマーケティングを担当していた時期は、ロジックに基づいたお金の使い方や管理法を整備する仕事もしてきました。

そのとき特に重要な指標としていたのが、ＬＴＶ（Life Time Value＝顧客生涯価値）とＣＰＡ（Cost per Acquisition＝顧客獲得単価）です。

ＬＴＶは、わかりやすくいうと「顧客一人が生涯（一定期間中）にどれだけ収益に寄与してくれるか」を表す数値です。ＣＰＡは「顧客を一人獲得するのにかかった費用」です。

先に紹介した、神奈川県の子どもたちにベースボールキャップをプレゼントした事例で、この数値の意味を考えてみましょう。

数字をわかりやすくするために、配布事業の費用が１００万円で、獲得した顧客が１００人だったと仮定します。１００万円で１００人の顧客を獲得できたのですから、ＣＰＡ（顧客を一人獲得するのにかかった費用）は１万円になります。そしてＣＰＡ

が1万円なら、LTV（顧客一人からその生涯にわたって得られる利益）が1万円を越えないと、事業が赤字になるというわけです。

一人のお客さんに1万円を使ってもらうことは難しそうに見えますが、このベースボールキャップの配布事業では、顧客一人のLTVは1万円をはるかに上回る可能性があります。それは、キャップをもらった子どもには、「○人がファンクラブに入ってくれて、それから数年にわたって会員を継続してくれる」「その子どもが年間に平均○人の大人を球場に連れてきてくれる」といった行動を起こしてくれる可能性があるためです。そして、その数字を足し合わせることで、LTVの数字が大きくなっていくからです。

このキャップのプレゼントは、実施後にニュースとして広く報じられ、称賛の声が多く寄せられました。そのようなメディア露出効果や、企業のブランド価値向上の予測も、実施のうえでは判断材料にすべきでしょう。

私はキャップの配布に際して、これらの数値（予測期待値）を綿密に計算して、コストをカバーできる試算もきちんとしたうえで、実施を決定しました。

そうした費用対効果やロジックの説明がないと、どんなアイデアも「単なる思いつき」に見えてしまいます。

たとえば私はさいたまブロンコスに、チームのリアルマスコットとして、血統書付きのミニチュアホース（ポニー）を購入しました。数百万円の費用が必要でしたが、これもはたから見れば「単なる思いつきでお金のムダ」と感じるかもしれません。

私としては、「ブロンコス［Broncos］は暴れ馬という意味だし、マスコットはやはり馬だ」「本物の馬をマスコットにすれば、子どもたちと触れ合う場も設けられるし、子どもと一緒に成長していける。教育面でもよい効果がある」「本物の馬をマスコットにするのはスポーツ業界初だろうからメディアの露出効果も高いはずだ」「マスコットを作ってグッズを売る場合と、利益はどう違うだろうか」といったことを考えました。

「子どもたちに名前を考えてもらうとき、教育委員会と一緒に事業を行えるな」「開幕戦で子どもたちと一緒に馬を連れて歩ければ、子どもたちにとって一生忘れられない体験になるな」などとも考えたうえで、この事業を進めることを決めました。

そこには私なりの経験に基づいたロジックと、費用対効果の計算、数ヶ月先や数年先まで見通したもくろみがあるわけです。

次章で披露する横浜改造のアイデアの中には、すぐには実現するのが難しいものもあるかもしれません。具体化する際は、アイデアの中から実際に使える部分だけをベースにして、全然違うアイデアに前進的に横滑りさせることも必要でしょう。

そのアイデアの意義と実現可能性をしっかりと検討したうえで、計算と勝算と民意を確かめてから進めなくてはなりません。

行政と仕事をしてもストロングスタイルは変わらない

私は横浜DeNAベイスターズの球団社長のときに横浜市と、その後にさいたま市と仕事をしたことで得た経験から、「行政との付き合い方」はよくわかっているつもりです。だからこそ、ハマスタの買収で横浜市の偉い人が「汚ねえやり方しやがって」と怒った理由も理解しています。横浜市と比べて、さいたま市がなかなか動かない理由もわかっています。役所内に時代錯誤な年功序列や人事があることも知っています。先に書いたように「ミスが許されない風潮」があるのもわかっています。

それらを知ったうえで、私は行政を相手にするときは、目的を達成するためにあえて戦略的に衝突もしてきました。さいたま市では、2017年12月からスポーツアドバイザーを務め、2019年3月からはさいたまスポーツコミッションの会長を務めました。そこでもストロングスタイルで仕事を続けてきました。

私がさいたま市に呼ばれたのは、さいたま市長に頼まれたから。私が横浜で行った野球を軸にした街づくりを知って、スポーツアドバイザー就任を要請され、さいたまスポーツコミッションの会長職に就くことも懇願されました。

声をかける前、市長は支援者の一部から「池田は危険だからやめておけ」と言われたそうです。しかし、「そういう人が入らないと変わらない」と危惧する声をはねのけて、そのときは腹を決めて、私に頼んできたようです。

ただし現実は、就任当初の私は客寄せパンダのような扱いでした。スポーツアドバイザーから会長という肩書きになった後も、行政のスポーツ事業やスポーツ政策に関わる情報はほとんど見せてもらえず、重要事項の決定は行政の人が自分たちだけで進めていました。

政治の世界はいつもそうです。「自分たちの世界を守りたい。実は変えられたくない」「自分たちに都合の悪いことを言われたくない。言うなら排除する」と多くの人が思っています。だから情報すら見せてくれません。

私はその状態に憤り、かつそのような状態を打開するために、埼玉新聞の連載で「情報がブラックボックスにされている」と正直に書きました。その行動は物議を醸し、「中のことを外に向かってしゃべるな！　みんながよく言っていないぞ」と市の一番偉い人からも怒られました。自分のところにも非難の声が届いていると怒っていました。

私としては「そんなことを言うなら、私を呼んだ意味って何なのですか？」「外に言わないと、メディアから指摘されないと、何にも変わらないでしょ？」「そもそも『さいたまのスポーツコミッションをお願いします』と頼んできたのはそちらでしょう？都合が悪くなったからといってハシゴを外さないでください」というスタンスを徹頭《てっとう》徹尾《てつび》貫いていますので、怒られたくらいでは気にもしません。

私がそうした仕事を続けたのは、私がブロンコスの代表としてお金を儲けるためだったのではありません。実際私はブロンコスの代表としては1円の利益も受け取っていません。すべてはさいたまのスポーツで地域を元気にするためです。

なお、さいたまスポーツコミッションの会長に就任した当初は、私の横浜での実績を知っていて、有名人のようにチヤホヤしてくる人もいました。しかし私がストロングスタイルを見せ始めると、「コイツは本当にヤバい」と多くの人がビビり始めました。そして抵抗勢力になる人もたくさん出てきました。

そこから私がしたことは、横浜DeNAベイスターズ時代と同じで「誠実に仕事を続けて結果を示すこと」でした。その一つが、さいたまブロンコスの経営権取得とブロンコスを再生させることでした。

ただし、ブロンコスが本当に大きく飛躍するためには、当時市長が公約として掲げていた「(アリーナ機能を備えた)次世代型スポーツ施設」を造ることと、その指定管理権をブロンコスが取得することが必要です。

バスケットボールチームはそれ単体で大きな利益を上げることは難しいです。しかし、アリーナの指定管理者として施設の維持・運営を行う形になれば、飲食物販収入や看板などの広告収入、試合日以外の施設利用に関する収入など、施設運営で発生した収入も自らの利益にできます。

そのため、アリーナの重要なコンテンツとなるプロバスケットボールチーム（ブロンコス）の運営に関しては市長にすべて相談し、報告しながら進めてきました。スポーツコミッションがブロンコスに投資を行う意義も説明し、スポーツコミッションの理事全員の賛同を得て、議決も取りました。

ただ、私の意図がどこまで理解してもらえているかは不明だったので、とりあえず私はブロンコスの事業を推し進めて、ブロンコスに注目を集めて、お客さんを増やして、売り上げを上げてみせました。

私はブロンコスの経営権の取得後、当初はゼロだったスポンサーを約50社にまで拡大しました。さいたま市との連携協定により、ブロンコスの２０２１年度からのホームアリーナとなったさいたま市の浦和駒場体育館を、ほぼ定員いっぱいになるまで埋めてみせました。数億円に上った債務も解消しました。赤字体質だった経営も黒字化の見通しを立てました。

今年（２０２１年）はブロンコスに関連して外部に委託している人件費を入れても黒字を達成できます。さいたま市のほか、深谷市や伊奈町などとも協定を結びました。

そうやって結果を見せていくと、誰も何も言わなくなっていきます。そのうちに「池田に聞いたほうが的確なアドバイスをもらえる」と思う人も増えてきて、いろいろな相談を受けるようになりました。今はスポーツでの地域活性化をテーマに、埼玉県の新任課長全員を対象にした講義も行っています。

しかし、さいたま市の仕事では、「自分はサッカーを応援しているので面白くない」と思っている企業や経営者、それに私が目立つことをよく思わない人たちが、保身や面子や利権にこだわったりしています。抵抗勢力が次々と生まれたりもしています。

それは、ベイスターズのときと同じです。

だからこそ私は、行政でも民間企業でも、トップが経験することは基本的に同じだし、再生のために行うことも同じだと思っています。

私が経営者として絶対の自信を持っているのは、「どうにかする力」です。横浜D

eNAベイスターズでも、さいたま市でも、「いまある資源を使ってどうにかすること」で結果を出してきました。

私の仕事に対する考え方は、「いま手元にある資源を使って最大限の仕事をして、それでも駄目なら全部自分のせいだと思え」ということです。これはスポーツの選手も監督・コーチも、同じ考え方ができるでしょう。

勝てなかったり、成績が残せなかったりしたとき、それをコーチのせいにしても始まりません。監督・コーチもフロントのせいにしても始まらない。「いまある力、現有戦力でまずはどうにかする」のが仕事の基本だからです。

今の横浜市は「カジノでも作らないとどうにもならない」と思っているか、思わされているのかもしれません。でも私から見ると、横浜市はスポーツも歴史も、経営資源は山ほどあるブルーオーシャンであるように思えます。

何度でも言いますが、民意がついてきていないことをやめ、まずは子どもに説明ができるようなことを考えてほしい。子どもに説明ができるような新しいアイデアづくりに徹底的に挑戦してほしい。

横浜市は、横浜に存在するあらゆる経営資源を使って、「どうにかする」方法を考えるのが最優先事項なのではないかと思います。そのために、僭越《せんえつ》ながら、思考のスタートとしてのアイデアを次章では書いていきます。

第5章

街を楽しくする、コロナ後の横浜復活のアイデア34

「トンデモないアイデア」から始める横浜復活論

私のあらゆる仕事の根幹にあるのは「人を楽しませたい」という気持ちです。自分の仕事を通して、多くの人をワクワクさせたいし、街も賑やかにしたい。

だから行政の行う政策を見て、その背景を知れば知るほど、「もっと市民を楽しませればいいのに。どうして自分や自分の周りの人たちの利権ばっかり考えるんだろう」という気持ちが湧いてくることがあまりにも多くあります。「偉い立場なんだから、そんな保身やしがらみから思いっきり離れて、何でより多くの人を楽しませるアイデアから考え始めないんだろう。そうしないと民意はまったくついてこないのに」と思ってしまうのです。

ただ、私は政治の素人です。先に説明したように、横浜市の財政状況や組織の問題点は、実際に市政の中に入ったことはないので、数字と論拠に基づいて「横浜をこうすべき」という提言はできません。それでも「人を楽しませる良質なトンデモないアイデア」を考えることはいくらでもできます。

私は横浜DeNAベイスターズでも、最初は「野球界の素人」「スポーツビジネスの素人」でありながら球団社長になり、しっかりした結果も残しました。当初から緻密な計画を練り上げたわけではありません。

実際にベイスターズの中に入ってから、トンデモないアイデアを次々と考えて、それを野球界で実現できる内容に調整する作業をしながら、再生を進めました。

ここから先に書いている34の横浜〝復活〟のアイデアには、突拍子のないものが多いかもしれません。実現の可能性が低いものも含まれているでしょう。素人のアイデアによる復活論かもしれませんが、だからこそ現状の市政からは絶対出てこないものが多いはずです。

ありがちなハコモノの費用も、現実にできる・できないという問題もわきに置いて、アイデアを並べました。一切実行することを約束するものではありません。

ただ、「街のみんなが楽しくなるため」という視点で未来を語り、みんながワクワクするような事業やモノゴトを始めることが、新しい時代の横浜の市政と都市経営には必要だと私は思います。保身としがらみを一度リセットすることが必要です。横浜に生まれて、横浜に育てられ、横浜を愛する私としてはそう思うのです。

ワクチン接種者にはベイスターズ戦のタダ券を！

まずは現在進行形で行われているワクチン政策について、私のアイデアを書いておきます。

政権のお膝元でもある横浜市では、政権の力も使って、高齢者のワクチン接種は7月中に何が何でも終わらせるでしょう。本章を執筆している6月上旬時点でも、「市役所の業務はワクチン一色になりつつある」という話が伝わってきます。

問題は若い世代の接種です。若年層は重症化のリスクが低いこともあり、「副反応のほうが怖い」とか「ワクチンを打つのは面倒」と接種に来ない人もいるはず。それで集団免疫が得られなければ、変異株による影響がまだよくわからないこともあり、横浜市内の感染状況は収束に向かわないでしょう。

そうした事態を避けるためには、若い世代にワクチンを打ってもらうための工夫が必要です。一つの案は、**①ワクチン接種者に対するスポーツチームなどの観戦チケットの無料配布**、です。

横浜にはベイスターズをはじめとして、サッカーの横浜Ｆマリノス、横浜ＦＣ、バスケットボールの横浜ビー・コルセアーズなどのプロスポーツチームがあるので、協力を仰ぐのです。ワクチン接種者だけでなく、介護に疲れている人も含めて、スポーツ観戦やコンサートや美術鑑賞ができるチケットを配布するのです。

なおワクチン接種者へのチケットの無料配布は、アメリカで実際に行われている試みです。

たとえばニューヨーク州に本拠を置くメジャーリーグのヤンキースとメッツは、球場に設置した会場で新型コロナウイルスのワクチンを接種した観客に対し、無料の観戦チケットを提供しています。そして両球団の試合では、ワクチン接種を済ませた観客用の指定セクションを設置。その区域では定員１００％の入場を認めるそうです。同じことは横浜でも行えるはずです。

ほかの案としては、２０２１年４月22日に運行開始したばかりのＪＲ桜木町駅と新港埠頭《ふとう》を結ぶ、**②ロープウェイ「YOKOHAMA AIR CABIN（ヨコハマエアキャビン）」でワクチン接種**を行ってもいいでしょう。無料乗車券や格安のデートプランを提供し、現場でのワクチン接種を条件に乗車を認めるわけです。

③市内の飲食店で使える食事券・割引券をワクチン接種者を対象に配布してもいいでしょう。横浜駅周辺から、野毛や関内、元町・中華街や伊勢佐木町などの飲食店、さらには横浜市内のすべての飲食店で使えるようにすれば、利用する人は非常に多くなるはずです。

スポーツ観戦や飲食店のチケットは、ただの客寄せの道具ではありません。苦境を強いられてきた飲食業界をはじめとした各界の経済復興の効果がありますし、何よりコロナ禍で希薄・疎遠になった家族や友人との人間関係を取り戻せるという効果もあります。

横浜の街全体を積極的に活用して、横浜の街全体にお金が回る仕組みを作ってほしいと私は願います。

コロナ収束後は市内のパレードで横浜復活を祝う

新型コロナウイルスの感染拡大が収束したら、街を挙げたお祭りを行うのもいいですね。その街のお祭りで行う一つのアイデアが、野球の優勝時に行われるような「パレード」です。

１９９８年のベイスターズ優勝のときには、横浜市内でパレードが行われました。街に紙吹雪が舞った光景を覚えている人も多いでしょう。

私が横浜ＤｅＮＡベイスターズの球団社長時代、チームは優勝できませんでしたが、私はどうしても１９９８年以来のパレードを横浜市民とファンの方々とやりたかった。それで開幕のタイミングで「開幕パレード」を実施した年がありました。

ＪＲの横浜駅の地下通路から歩き始めたのですが、すぐに大変な人だかりになってしまい、高島屋に辿り着く頃には群衆が大騒ぎになってしまい、当局から注意をされました。そのため、翌年からは開催できなくなりました。

その失敗の経験も活かし、**④コロナ収束を祝い、１９９８年のベイスターズ優勝時の**

横浜の街全体が歓喜したときの楽しさを思い出すような市内パレードを、安全に楽しく行ってもらいたいです。ベイスターズの歴代選手やほかの横浜のスポーツチームの選手にも集まってもらい、コロナからの街の復活を盛大に祝いましょう。

山下埠頭はカジノではなく3世代が楽しめるリゾートに

カジノ構想への対案となるアイデアもいくらでも提言できます。そうすることで検討する幅が広がるでしょう。

横浜市では、カジノ構想に反対する勢力が、「横浜港ハーバーリゾート協会」という組織を立ち上げ、予定地の山下埠頭の再開発に関して具体的な提案を行っています。具体的な再開発案としては、MICE施設（コンベンション・センター）や中長期滞在型ホテル、F1レースの常設コース、ディズニー・クルーズ・ラインの寄港誘致などが挙げられています。

私はこのようなハーバーリゾート計画に総論としては賛成です。具体案については私のアイデアをいくつかご紹介します。

まず山下埠頭の再開発で意識すべきなのは、横浜にある「海と港」という資源を最大限に活用することです。先述のように、横浜DeNAベイスターズ時代に行ったアンケートで、横浜のイメージで1位だったのは「海と港の街」でした。「海と港」という資源は私が球団社長就任後のベイスターズでは大いに活用しましたが、横浜市もより積極的に活かしていけると感じます。

そこで、**⑤山下埠頭は「海と港をつまみにしたコミュニティハーバーリゾート化構想」**を具体的に検討するのも一つのアイデアです。これは前に書いた、ハマスタを〝野球をつまみ〟にコミュニケーションを取ったり、地域社会のコミュニティを育む場所にする「コミュニティボールパーク化構想」を応用したものです。

現在のカジノ構想はそうしたアイデアとは真逆のものです。山下埠頭にカジノができてしまえば、親は子どもにどんな場所か聞かれても、「ここにはカジノがあるんだよ」と伝えるのみで、連れて行くこともできない。カジノとはどんな場所で、何をするところなのかを好奇心旺盛な子どもに肯定的に説明するのは難しいでしょう。そうしたら、山下埠頭は横浜市民のすべての家族にとって、よいイメージを持てる場所ではなくなり始めてしまうでしょう。

私が考える「コミュニティハーバーリゾート」で大事なのは、海や海でのアクティビティになじみがない人でも気軽に海を楽しめるようにすることです。それに親子3世代で楽しめる場所にすることです。

また⑥**山下埠頭から高速ジェット船で東京湾内を巡れるようにし、海上交通網を広げて東京湾内の港を一体的に整備する、**のも一つの案です。お台場やディズニーランド、ZOZOマリンスタジアム、富津《ふっつ》、館山などに山下埠頭から気軽に行けるようになれば、山下埠頭は家族が休日のお出かけや小旅行で利用する場所になるでしょう。「横浜DeNAベイスターズと千葉ロッテマリーンズとの交流戦は船で応援に行ける」となれば、お互いの街が盛り上がるでしょう。

山下埠頭のバリアフリー化も当然しますし、施設内には、横浜市民が家族の誕生日を祝う定番スポットとなるようなシーフードレストランを作ってもいいでしょう。そのレストランは巨大な水族館の中にあり、釣りをした魚を調理してもらえたりもします。そういう特別な場所に**⑦重い障害のある方を自宅で介護している家族を招待する仕組み**があってもいいでしょう。

福島県や茨城県を中心に展開する「メヒコ」というレストランチェーンは、フラメンコを見ることができたり、サメのいる大きな水槽があったりして、誕生日などのイベントを家族で楽しめるなど、思い出づくりができるメモリアルな場所になっているようです。同じようでありながら、展開するのは〝横浜〟ですから、もっとすごい空間を山下埠頭に用意するのも楽しそうです。

ハマの大魔神社を山下埠頭で復活！

一方、**⑧1998年のベイスターズの優勝時に作られたハマの大魔神社**はぜひとも復活させたいですね。当時、「ハマの大魔神社」が設置された期間はわずか4ヶ月程度でしたが、非常に多くの参拝者が集まり、約1660万円のお賽銭《さいせん》が集まったそうです。

ベイスターズの優勝と「ハマの大魔神社」という存在は、横浜にとって立派な資源であり、大切な歴史なので、積極的に活用すべきでしょう。

なお「ハマの大魔神社」に限らず、サッカーの横浜Fマリノスと横浜FC、バスケの横浜ビー・コルセアーズの神社をそれぞれ作ってもいいでしょう。各チームのファンが訪れる聖地の一つになるはずです。

子どもが外で遊べる環境を整備する

横浜市内の子どもたちが外で遊べる環境も、もっと整備してもらいたいです。

1976年生まれの私が子どもの頃は、近所に『ドラえもん』の世界のような空き地や広場がたくさんあって、学校が終わったら男の子の多くがそこで野球をしていました。今の横浜にはそうやって遊べる場所が減ったし、ボールを投げたり、ボールを蹴ったりしてはいけない場所も増えました。

外で遊ぶ機会と環境が減ると、子どもが頭でっかちになりがちです。横浜DeNA

ベイスターズの球団社長時代も、「子どもが外で遊べる機会と場所を積極的に増やしていこう」と使命感に燃えていました。

日常生活では体を動かす機会が減っているでしょうし、身体《からだ》の筋力も弱くなっているかもしれません。

なお私はさいたま市の教育委員会のアドバイザーを務めています。教育委員会でスポーツ教育の議論をしていたときに聞いた話ですが、今の小学校では新入生が使う鉛筆に2Bを指定する学校が増えているそうです。その背景にあるのは、筆圧の低下。「外で遊ばず、家庭でも学校でも雑巾がけや雑巾絞りもしなくなったから」という話も聞きました。僕らが子どもの頃は、大半の人はHBを使っていました（Bを使っている人もいました）。2Bなどでは濃すぎて使いづらかったはずです。

私は子どもたちをできるだけ外で遊ばせる環境を用意してあげたいと常々思っています。外で遊ぶときは野球をしてもいいし、サッカーをしてもいいでしょう。まったく別のスポーツでも、単なる遊びでもいい。とにかく何でもいいです。子どもにとっては「遊ぶ」のが原点です。

私は横浜DeNAベイスターズの社長時代に、横浜市の公園を管理する団体にボールやグローブを寄贈したり、マウンドを作ったりして、野球ができる公園の環境整備にも積極的に関わりました。それでも球技ができない公園が多いので、**⑨スポーツができる環境が整備された公園**は、今後どんどん増やしていってもらいたい。

最近は「球技はしたらダメ。他にもこの遊びはダメ」と禁止事項が看板に書き連ねられた公園を多く目にします。そうした看板を目にする子どもは本当にかわいそうです。子どもは地域の「宝」ですから、自由に遊べる環境整備はしてあげてほしいです。野球ができる公園は増えてほしいですし、サッカーができる公園や、バスケットボールができる公園、スケボーができる環境が整備された公園なども増やしてもらいたいです。

なおサッカーをはじめとした各種スポーツの環境整備が進んでいるドイツを視察したときは、「野球の壁当て」のサッカー版ができるような公共施設もありました。四方が壁に囲まれている場所で、どこに向かってボールを蹴ってもボールが返ってくるので、子どもは一人でも練習することができるわけです。そうしたアイデアを活用すれば、多額の費用はかけずともスポーツの環境が整備された空間を作ることは可能でしょう。

また高齢化が進むなかで、老若男女が気軽に体を動かせるものから本格的なものまでそろえた「青空ジム」みたいなトレーニングができる公園もあったらいいですね。

大人向けのアイデアとしては、ゴルフ協会やプロゴルファーと組んで、おじさんがゴルフのアプローチや素振りを堂々とできる公園を整備してもいいと思います。

参考にしたいのは、ストリートバスケやサイクリング、インラインスケート、スケートボード、青空ジムなどを楽しむ人々の姿が多くの場所で見られるカリフォルニアのベニスビーチです。**⑩横浜を「カリフォルニアのベニスビーチ化」する、**という目標を掲げて整備を進めてはどうでしょうか。

子ども時代のスポーツは、アメリカ流に掛け持ち推進文化を広げよう

私は子どもの教育に関して大人の役割として大事なのは、スポーツも勉強も「子ど

もが好きなことを楽しめる環境を与えること」だと思っています。そうしたうえで「子どもが何をするか、自分で選べるようにすること」も大事です。

私は自分の子どもにも「一生取り組めるような自分の好きなことを見つけろよ」と言っています。自分のすることは自分で選ばせる教育もいつも心がけています。

子どもには好きなことはやらせてあげたいし、一方で、子どもが好きで始めたことでも、次に本当に好きなことに出会ったらやめてもいいと思っています。

私が大学時代に1年間を過ごしたオーストラリアもそうでしたが、海外では子どもを育てるときに「It's your choice」という言葉をよく使います。「Do it.」とは決して言わない。子ども自身に選ばせるんです。

「でも子どもは視野が狭いから……」と思う人もいるでしょう。視野が狭いからこそ、環境と選択肢の部分をちゃんと大人が用意してあげればいい。

環境は子どもが自分で作れないので、環境づくりは大人がやってあげるべきです。その点こそ、まさに行政が担うべき役割が大きいでしょう。親は、子どもが自分で決めたことは尊重してあげることが大事です。

特に⑪**スポーツでは、さまざまな競技を子どもが自分の意思で選べて、レベルの高低も選択できて、掛け持ちもできる環境を行政がリードして整えてあげる、**ということをやってほしいです。アメリカなどでは、子どもの運動能力や身体能力、精神面が著しく発達するゴールデンエイジ（５歳～12歳頃）をムダにしないよう、複数のスポーツを経験させる「デュアルスポーツ」の考え方が浸透しています。

子どもは全員がプロスポーツ選手などを目指す必要はまったくありませんが、本気でスポーツに取り組んでいる子には、それなりのレベルの練習をしたり、コーチングを受けられる環境があったほうがいいと私は思います。スポーツの知識や経験のない学校の先生が、残業代も出ないなかで部活の指導を頑張っても、十分な環境は与えられないでしょう。

そのような環境だけでなく、部活動の上位概念として、プロチームと連携を行う形で各種競技の〝クラブチーム〟の環境を市内の各地域でよりいっそう整えてほしいです。そうしたクラブチームが一般化すれば、スポーツに本気で取り組む子どもたちは、プロのコーチやプロ経験者にスポーツを教えてもらえます。部活にそのようにコーチが訪れることができる環境と、そのための補助金などの仕組みを作ってあげてもらいたいです。

同じことはスポーツ以外、たとえば芸術、音楽、演劇などの分野にもいえます。「いろんな領域のナンバーワンが横浜から出てくること」こそが横浜の未来を豊かにし、次世代において横浜の未来の多様性をますます育むことになると思います。

そこで、**⑫各分野のスペシャリストを養成する教育機関の設立を行政が後押しすべき、**でしょう。

デジタルやゲームの分野で頑張りたい子がいたら、そうした教育を受けられる機関が東京ではなく横浜にこそあってほしい。「みんなが学校に通って同じような勉強をするだけの時代」から大きく変わっていく必要があるでしょう。

自分の好きなことが見つかったら、それをもっと探求できるような環境が必要です。デジタルの教材を増やして、それぞれの子どもが自分のやりたい勉強をやりたいときにいつでもどこでもできるようにすべきです。ネットと通信制高校の制度を活用した〝ネットの高校〟であるN高のような学校も、まだ発展途上で課題や問題も生じているようですが、もっと増えていいと思います。

「この地域の教育はちょっと先を行ってるな」と世界中から思われるような、先進的教育に一生懸命に取り組む街が日本にもっとあってもいいと思います。横浜がそういう街になって、教育の新しい流れも横浜から生み出してもらいたいです。

学校の部活動にプロのコーチや選手を派遣

学校教育と市内のプロスポーツチームの連携も進めるべきでしょう。

私はさいたま市ですでにそれを実行しています。さいたま市教育委員会のアドバイザーを務める私は、私自身がオーナーを務めるさいたまブロンコスとの間で、さいたま市教育委員会とプロチーム初の連携協定を締結しました。それにより、部活動へのコーチ派遣をすることを検討しています。

⑬学校の部活動へのプロスポーツチームの選手やコーチの派遣は、横浜でもすぐに行えることでしょう。野球については通称「プロアマ規定」により、プロとアマチュア

の交流にさまざまな障害があります。他のスポーツではそのような障害はありませんので、できることは多いはずです。学校での指導は、現役の選手やコーチにとってセカンドキャリアのための仕事の受け皿にもなります。

さらに踏み込んで、⑭**現役のコーチや選手が指導を行うスポーツ一貫校**を横浜市が整備してもいいでしょう。民間のスポーツクラブと学校を連携させるのも一つの手段です。同様に楽器奏者などのミュージシャンやアーティストと連携して、彼らを学校に派遣してもいいでしょう。

体育館をバリアフリー化し高齢者の運動と「未病」改善を後押し

ここからは社会課題に対応する、地道かつ真剣に取り組むべき政策についても、私のざっくりとした考え方・アイデア・構想を一つ一つ説明していきます。

横浜DeNAベイスターズのときからハマスタで進めていて、横浜市全体でも進めてもらいたいと思っているのが、当たり前のことですが、至るところを「バリアフリー化」することです。

１９７８年から営業を続けるハマスタのように、築年数が相当経った建物が横浜には多いです。いずれも竣工当時はバリアフリーの概念が不十分でした。スロープやエレベーターの設置・増設などは順次進めていく必要があります。

ハマスタのエレベーターの増設工事を進めるきっかけになったのは、関根潤三《じゅんぞう》さんら解説者から「もうスタンドを上がるのがつらい。解説のブースに行くのが大変だ」という声が上がっているという話を記者たちを通して耳にしたからでした。ハマスタの記者席は当初はバックネット裏の１階部分にありましたが、そこにＶＩＰルームを作るために、途中からスタンドの高い場所に移っていただいたので、階段で上がる必要があったのです。

エレベーターを作るには、ただでさえ少ない駐車スペースを潰す必要がありましたが、すぐに整備計画を進めました。将来的には、ハマスタは関内駅からダイレクトにバリアフリーでつなぐのが理想だと思います。

私が横浜市で特にバリアフリー化すべきだと考えている場所の一つが体育館です。

コロナ禍で気づかされたのは、高齢化社会の日本では、病気にならないために、健康に気を使って、運動をしている高齢者が多いということ。そうすることが「未病」対策につながります。

今はみなさんが地域で過ごす時間も増えているので、体育館が取りにくくなっているケースも見受けられます。それに真夏や真冬は外で運動をするのはリスクが大きいですから、高齢者が安心して使えるように体育館のバリアフリー化は急務でしょう。

このように**⑮バリアフリー化された運動施設を増やす**、ことも必要でしょう。

AIや自動運転技術の活用により、そういった施設へのモビリティ（移動しやすさ）を高めるための交通網整備なども必要でしょう。体育館などで運動をする高齢者が増えれば、結果として医療費の削減にもつながるでしょう。

バリアフリー化が進めば、体育館は子どもとお父さんお母さん、おじいちゃんおばあちゃんの3世代が集まりやすい場所になります。市民のコミュニケーションが増え、コミュニティを育む場所として、より有効な施設になるでしょう。

地域に根づいたそのような施設は今後、地域にとってのアイコンになっていきます。

そういった施設で⑯**ネーミングライツを活用したり、民間のビジネスを誘致**して、税収につなげていくといいでしょう。

自宅で最期を看取ってもらえる福祉の実現

高齢化社会に対応するためにも、横浜の特徴である「海と港」を活用するアイデアもあります。

「どこで最期を迎えたいか」と聞かれたとき、横浜市民には「海の見える場所」と答える人も多いのではないでしょうか。カジノを作るくらいなら、⑰**病室から海が見える、看取りに向けた施設を山下埠頭に誘致する、**のもいいと私は思います。

参考にしたいのは、『Newsweek』の「World's Best Hospitals 2021」で世界43位に選ばれている亀田総合病院です。千葉県の鴨川市にある同病院は目の前が海で、リゾートホテルのようなゆったりとしたオーシャンビューの個室もあるため、「人生の最後の場所」として選ぶ人が多いそうです。

私だったら「人生の最後は自分の家で」と考えますし、そのように考える人も多いでしょう。そうした人のために、福祉の制度をしっかりと整え、在宅訪問の補助金などをしっかりと充実させてもらいたい。昔の日本のように、⑱**自宅で最期を看取ってもらえる医療と福祉の連携の実現**も、行政がしっかり後押しすべきでしょう。

女性を積極的に登用する

女性活躍推進が政策として掲げられる一方で、その実現がなかなか進まないいま、行政は女性登用を積極的に進めるべきだと思います。私が代表を務めていたさいたまブロンコスでも、メンバーの多くは女性です。

男性ばかりを優遇する理由は何もありません。優秀で能力のある人であれば、性別なんて関係なく登用すべきでしょう。別にそういう時代だからということではなく、やるのが当たり前ということです。

現在の横浜市は市長が女性の林文子さんで、副市長の4人は全員男性のようです。

⑲副市長や市長の補佐を行うような役職には女性を必ず含めることを原則とする、ということも必要でしょう。女性が政策づくりのプロセスに入る必要があるのは、サービスの受け手（＝市民）の約半分は女性だから。

右で述べた通り、そもそも性別などにまったく関係なく、私は能力次第で選んだり、登用したりすべきだと考えています。人数比率などのバランスやルールにがんじがらめになるのではなく、きちんと男女を問わずフラットに是々非々で選考すればいいだけだと思います。

おそらく、年齢が上の世代になればなるほど、口では女性登用などと言っていながら、腹の底ではそうは思っていない人が多いから、女性登用が進まないのでしょうね。私くらいの世代になると、もはや女性のほうが子どもの頃から優秀で、男性のほうが劣っていると言われて育っているくらいです。仕事に誠実で能力があれば、女性を登用するとか、そのようなことは気にもならない人が多いのではないでしょうか。学校の男女比とか、入学制限とかも、もうすべて撤廃すべきです。

女性の職員には、女性に関わる政策を積極的に担当してもらい、イベントなども手掛けてもらうべきでしょう。私は横浜DeNAベイスターズ時代、来場した女性全員にユニフォームを配布し、女性ファンでスタンドの半分以上を埋めつくす「YOKOHAMA GIRLS☆FESTIVAL」というイベントを立ち上げました。

そのイベントのリーダーは当然いつも女性でした。それは今も毎年継続されていますが、女性が中心になって楽しめる市のイベントや仕組みがあってもいいでしょう。

学校にも〝ラミレス監督〟を！　外国人の先生も増やしたい

「国際的に開かれた街」という横浜の特色もよみがえらせて、進化させてもらいたいです。行政としては、海外都市と積極的に協定を結び、**⑳コロナ収束後は市民の海外旅行や文化交流やお祭り交流、留学や他言語教育の充実などを行政が後押しする体制を整える**、のもいいですね。

私は横浜DeNAベイスターズの社長時代、キューバに自ら乗り込んで、スター選手のユリエスキ・グリエルの獲得を決めました。当時はフィデル・カストロの甥《おい》が野球連盟の副会長をしていたので、彼と英語で直接交渉をしました。

帰国後は「お前に選手獲得の権限はないだろう」といちゃもんをつけてくる偉い人もいました。それはさておき、私は契約レベルの話は通訳をつけますが、英語での交渉や意思疎通は慣れていますので、海外との連携強化は私自身が進めてきた部分も多々あります。

それに、**㉑市内の学校ではオンラインでつないで、外国人の先生の教育を受ける機会を増やす**、のもいいですね。外国人から指導を受けることは、語学の能力向上だけでなく、異なる文化に触れることでさまざまな気づきや成長が生まれるからです。外国人の教員免許をどうするかとか費用面のハードルも高いので、オンラインで世界中とつなぐ仕組みなども開発したほうが、今風の教育になるでしょう。

横浜ＤｅＮＡベイスターズの監督にラミレスが就任したのは私が球団社長の時代でしたが、彼は日本人の指導者では考えられないことをたくさんしました。それがよいか悪いかは別として、そうした文化の違いに触れることが教育においては重要なのです。

監督が外国人になったことで、ベイスターズの選手たちも違った角度からものを見られるようになったことも大きかったはずです。

日本で開催する国際会議は横浜にもっともっと誘致してもらいたいです。会議場の出席者だけで終わる閉じた世界ではなく、市民もＺｏｏｍなどのＷｅｂ会議アプリで参加して意見を述べたり、オンライン授業の一環として参加できるようにするなど、横浜の市民や子どもたちが何らかの形でもっと国際会議に触れられるようにしてもらいたい。そうすれば、世界に対して関心を抱き、世界への理解が深まり、さまざまな文化や交流が横浜で育まれていくことでしょう。

私は球団社長だった頃、「子ども未来会議」や「子どもサミット」を開催して、子どもたちに横浜の野球の未来について議論してもらったり、提言してもらったりしました。今はパシフィコ横浜の稼働率も上がって、なかなか空きがないとも聞きます。異国情緒漂う、横浜へのインバウンドや経済効果も計算できるような施設の誘致や整備も、山下埠頭あたりで進めてもらうといいのではないでしょうか。

街の資源と歴史を活かしたエンターテインメントを

横浜はヤンチャな人も遊ぶ街です。映画をたくさん見て、いろいろな音楽を聴いて、スポーツを楽しんで、さまざまな世界の住民と付き合うことができる街です。そうやってこの街で遊んできた人たちが、今の横浜を作ってきました。

ただ、今の横浜の街からは、そうした先鋭的エンターテインメントの楽しさが消えかかっているように見えます。新しいものはすべて東京からやってきます。昔のように東京からわざわざ横浜に夜遊びに来る人も、近年は少なくなっているでしょう。

横浜で遊んできた人間ではなく、スーツで身を固めたエリートの政治家が市政の中心を担い続けていると、未来の横浜はより遊び心が少ない街になってしまうと私は思います。横浜で遊ぶ楽しさも、横浜の歴史も知らない人が街づくりをすると、カジノ構想のようなものがいの一番に生まれるのでしょう。

横浜で遊んできた人間の一人として、横浜らしいヤンチャさを時代に合わせてアップデートしたうえで、そのカルチャーや歴史を活かした街づくりをしてもらいたいと私は思うのです。

文化の根源にあるものは維持しつつ、今も若いカルチャーが花開く場所として参考になる街の一つがパリです。横浜市の花はバラですし、フランスといえば漫画『ベルサイユのばら』を思い出します。ちなみに、横浜DeNAベイスターズ前監督のラミちゃんのプロ野球での登録名はアレックス・ラミレスですが、アレックス・レッドという有名なバラと名前が同じなのです。

今から6年前（2015年）、中畑清監督の次の監督が誰かという噂話が飛び交っていたときに、記者に対して、私が「横浜の花はバラですよね？」とヒントを与えて、スポーツ紙を賑わせたりもしました。

パリの話に戻ります。パリの街を見ると、時代に合わせてカルチャーをアップデートする必要はあっても、街のすべてを新しくし続ける必要はないことが理解できるはずです。街の文化や歴史と関係のない新しいものを唐突に持ち込んだり、巨大なビルや大型施設ばかりを造って、コンクリートだらけの街に変えていく必要がないこともわかります。

山下埠頭の再開発案は先に説明しましたが、ここからはそれ以外のアイデアも紹介したいと思います。

カジノを作るならば歴史ある横浜競馬場の復活を

横浜市がカジノ構想にこだわるのは、ギャンブルから得られる税収が大きいと踏んでいるからでしょう。そこまでギャンブルにこだわるのであれば、まずは横浜の持つ資源を活かしたギャンブルにするほうがいいのではないでしょうか。そのほうが横浜の人々はまだ共感できるからです。

そこで私がアイデアとして提案するのは、かつて横浜にあった**㉒日本初の洋式競馬場・根岸競馬場（横浜競馬場）の復活**です。

根岸競馬場は1866年（慶応2年）にイギリス駐屯軍将校らの設計・監督によって建設されたものです。正会員には西郷従道《さいごうつぐみち》・松方正義《まつかたまさよし》・伊藤博文といった明治政府の要人が名を連ね、天皇賞や皐月《さつき》賞のルーツとなるレースも開催された歴史ある競馬場です。

遺構が現存する一等馬見所《いっとううまみしょ》は1929年に完成したもの。設計を手掛けたのは、丸ビルも手掛けた米国出身の建築家のJ・H・モーガンです。

私もその一等馬見所は根岸森林公園に子どもと遊びに行くときに、しょっちゅう現地で見ています。「100年近くも前にこんなにすごいものが作られたのか……」と圧倒されるほど迫力があります。横浜の歴史と、この街の持つパワーを思い知らされる場所です。

ちなみに、根岸森林公園で触れ合える馬やポニーたちからも、古き良き横浜らしさを私は感じ取れます。山下埠頭で海を見ながら乗馬ができたらすてきですよね。

横浜にはそうした競馬の歴史があるわけですから、カジノの建設よりも競馬場の復活のほうがまだ、横浜らしいと私は思います。従来の競馬場とは差別化して、国際都市で洗練された街である横浜らしく、パリのロンシャン競馬場のように、世界のセレブリティの社交場として活用してもいいでしょう。

ただ賭け事をするだけの場所にせず、子どもが乗馬できたり、馬と触れ合えたりして、教育に活かせる空間にすべきです。そうした活用をすれば、同じギャンブル関連の施設でも、カジノよりも圧倒的に健全で、横浜のブランド価値を向上させる施設になるはずです。

いずれにしても、市政運営において財源捻出は必須です。現在の日本のギャンブルは競馬、競輪、競艇、オートレースなどが一般的ですが、スポーツ振興くじ（toto、BIG）よりも踏み込んだスポーツベッティングなどの公営ギャンブルを推進する動きもあります。

カジノよりも、**㉓スポーツベッティングなどスポーツを盛り上げられる方法で、財源を捻出する**ほうが、より健全なのではないでしょうか。

昔はもっと広かった「横浜」。人の動きが偏った街に古きよき横浜の賑わいを取り戻せ

横浜の街をエンターテインメントで楽しくするとともに、横浜の街を人が歩きたくなる空間にして、その空間を数珠つなぎにする仕組みをあちこちに作ることも必要です。古くからの横浜の街も、新しい横浜の街も、すべての横浜に賑わいを生み出す仕組みが作れるといいですね。

私が昭和の小学生だった頃は、もっと多くの人が横浜の古き良き街に溢れ出ていた記憶があります。前述の通り、みなとみらいはまだ万博前後で何もなかったですし、何より「横浜という街」の概念がもっと広かったです。「今日は石川町で降りて元町のほうに行かなければ」「夜は野毛で飲む約束がある」と、街の中を移動しながら人は働いたり遊んだりしていました。

それが今はみなとみらいや駅ビルの中に、お店や各種施設が凝縮されつつある。それはそれで否定するつもりはありませんが、横浜が大資本の街、狭い範囲だけの「横浜」に変わってしまったという印象があります。

今の若い世代には、野毛の動物園にデートに行って、街の洋食屋さんでご飯を食べて……と広い範囲の「横浜」をめいっぱい楽しんでいる人は昔ほどはいないでしょう。動物園については、今は「ズーラシア」が旭区にあり、水族館は金沢区に「八景島シーパラダイス」があるので、そちらにお客さんが移っているはずです。

映画館も、大きなイオンシネマがみなとみらいにできたので、私が若い頃は最高のデートスポットだった横浜駅近くの「ムービル」のような場所は厳しい状況です。そうやって大きな資本を横浜に呼び込んで、横浜を変えていっているという印象があります。

それはそれでいいのですが、私は大事なのはバランスだと思います。

街の人の流れと回遊を復活するうえで、特に参考にしたい街がアメリカの西海岸の街・ポートランドです。クラフトビールの醸造所が多く、コーヒーの文化が盛んな街として有名で、路面電車やバスなどの公共交通も非常に充実しています。

自転車の街ともいわれ、いたるところに自転車専用道路が整備されています。自転車や電動キックボードのシェアリングサービスも広まっています。

次世代モビリティで渋滞のない街に

そうしたポートランドやフランスなども参考にして取り入れたいのが、車に頼らない交通網の整備です。シェアサイクルだけでなく、日本でも一部で導入が始まっている、㉔**電動キックボード等の小型の次世代モビリティを本格導入**し、土日は、街の中心部は車の入れない空間にするのも一つの手です。空飛ぶモビリティ（ヘリやeVTOL［電動垂直離着陸機］など）もいいですね。今や誰もやりたがらない町内会長の役職に就いたら、空飛ぶモビリティの利用券をプレゼントするなどのインセンティブをつけて、町づくりを担うことへのモチベーションを高めてもいいでしょう。

パリやポートランドのように、街の道路の各所にパラソルと机と椅子を出せば、あちこちに賑わいが生まれます。

今の日本ではレンタサイクルやモビリティは複数のサービスが乱立していますが、横浜市ではそれほど定着している印象はありません。市の事業で何をどこまで行えるかわかりませんが、行政が自ら展開して税収にするのも一つのアイデアです。

ポートランドではＮＩＫＥがスポンサーになって、オレンジ色のシェアサイクルが広まっていました。シェアサイクルや電動キックボードも、横浜らしくオシャレでいいですね。

私は横浜DeNAベイスターズ時代に、ミュージシャンのファレル・ウィリアムスも出資するニューヨークの自転車メーカー・BROOKLYN MACHINE WORKSと現地で交渉し、オリジナルの自転車を作ったことがあります。

「BALLPARK BIKE（ボールパークバイク）」という名前の自転車で、車体はベイスターズのヘルメットと同色の横浜メタリックブルーで塗装しました。この自転車を作ったのは、選手たちがキャンプ地の移動で普通の自転車に乗っているのを見たからで、「乗るならカッコイイものに乗ってほしい」と思ったからです。

街中に横浜らしくカッコいい乗り物が増えたら、街の空間はより洗練されたものになります。横浜のブランド価値も上がっていくでしょう。

横浜の路上をパリのテラスカフェ化

次世代モビリティを広めて街の中心部の自動車交通を減らせれば、規制も今よりずっと緩和されるはずです。街中のカフェ等の飲食店はパラソルを立てたテラス席をそこかしこに作ることが可能になります。**㉕横浜の路上をパリのテラスカフェ化**することを目指して、路上でお酒もコーヒーもおしゃべりも楽しめるようにしたら、なんとおしゃれな街になるだろう、と想像します。

テラス席を備えた店が増えれば、横浜の街に活気が溢れます。歴史のある横浜の街並みも資源としてより活かせるようになります。

カジノで最高級シャンパンのドンペリを飲む人が増えるよりも、街中で気軽にクラフトビールを飲む人が増えるほうが、街はおしゃれで楽しく賑やかになるでしょう。

私が横浜DeNAベイスターズ時代にハマスタの外の芝生エリアで開催したビアガーデン「ハマスタBAYビアガーデン」は、野球ファン以外の人たちにも非常に好評でした。そこで、新型コロナウイルスの感染拡大が収束したら、ハマスタの周囲のみならず、**㉖横浜の街中から山下公園までのすべてをビアガーデンにするお祭り**、も開催してもらいたいです。

牛鍋発祥の地・横浜でブランド牛を売り出す

一案として、㉗**横浜でブランド牛を作る構想**も、実際に私は持っていました。

そもそも横浜は牛鍋《ぎゅうなべ》（今のすき焼きのようなもの）発祥の街。文明開化の時期には、居留外国人を相手にして牛鍋が流行し、今も市内にある店舗「太田なわのれん」さんや「荒井屋」さんなどが明治時代に開店しています。

横浜を中心として10軒ほどの農家有志でつくる「横濱《よこはま》ビーフ推進協議会」が定める「横濱ビーフ」という牛肉も、すでにあるそうです。JA横浜のホームページによると、平成27年度末時点で市内の7農場で約400頭の牛が飼育されているそうです。

しかし、今や横浜が牛鍋発祥の地であることも、肉用牛が育てられていることも、次世代になればなるほど、ほとんど知られていないでしょう。これは資源があるのに、ブランディングがうまくいっていない状態なのかもしれません。そもそも絶対数が少ないので、どうできるかはもっとよく考えてみないとわかりません。

私はさいたま市でスポーツの仕事をしたことをきっかけに、埼玉県深谷市に深谷牛という美味しい牛肉があることを知りました。そちらも数軒の農場があるのみ。生産における基準管理なども厳しいようで、美味しくて値段も割安であるにもかかわらず、あまり知られていません。

ブランドとしては広まっていないけど美味しい肉は日本各地にある。ブランディングさえうまく行えれば、横浜で肉だけでなく、どんなものでも勝ち目はあるのです。

私は球団社長時代に、横浜DeNAベイスターズが指定管理権を取った「THE BAYS（ザ・ベイス）」で、牛肉の好きな部位をキープできるお店「肉キープのレストラン」を作る構想を持っていました。八重山《やえやま》諸島のパナリ島（新城島《あらぐすくじま》）で育てた牛を「パナリ牛」というブランド牛にする計画も進めていました。その牛を、横浜のそのお店でしか食べられないように、子牛の購入の手続きまで進めていたんです。

そのときにさまざまなノウハウはすでに学んだので、その経験を活かして横浜でブランド牛を売り出すのも一つの手でしょう。㉘**学校の給食でも、子どもたちに牛鍋を横浜市が費用を出して食べさせる、**こともできたらすごいことでしょう。

市役所の食堂のメニューなどにも取り入れて名物にしたら、市外からきっと人が食べに来てくれるでしょう。

ミシュランの三つ星を取るような店を誘致

「東京の人が夜遊びに来る街」だった頃の横浜を復活させるには、遊び場の強化が必要です。当時の横浜に遊びに来ていた人たちが楽しめる、**㉙ミドルエイジ以上をターゲットにしたディスコを復活させる、**のもいいでしょう。

ちょっとお金がある人からすると、ミシュランの三つ星を取るような店が少ない横浜は、食の部分で東京に見劣りしている印象があるはず。**㉚東京にある評判の飲食店を、行政主導で横浜の街にスカウト、**してもいいと思います。

僕のような40代半ばの世代は、横浜をロケ地にしていたテレビドラマ『あぶない刑事』がドンピシャの世代でしょう。本牧埠頭は拳銃をドンパチ撃ち合っていた場所なので、サバゲー（サバイバルゲーム）のように銃撃戦が体験できたり、刑事ドラマのような追跡劇をゴーカートで楽しめたりしたら楽しいですよね。そういうことができる、**㉛刑事ドラマのテーマパークを誘致する、**と喜ぶ人が多いと思います。

私は『あぶない刑事』のタカとユージが、日の出町の当時ドブ川だった川の脇を走って犯人を追いかけていた場面が強く記憶に残っています。そうした歴史を知っているからこそ、街の記憶や歴史を大事にしてほしいと心から願います。

ハマのディープエリアを観光地化

横浜には簡易宿泊所や風俗店が並ぶディープなエリアもあります。治安が悪いといわれる場所もまだあり、「あのあたりは車で走ると〝当てられる〟から行かないほうがいい」といわれたりもするようです。

そのような貧困や犯罪等は、まさに行政が取り組むべき問題です。ただ、私は実際に行政の中に入ったことがなく、表向きの数字からは見えない内実までは知らないので、そうした社会問題に対して具体的に行うべき政策や実現可能性の高いアイデアは提言できません。

思考や議論の出発点となるようなアイデアとして一つ考えられるのは、そうした㉜**ディープな空間のよい面は残したまま観光地化すること。**通天閣やビリケン像が名所となっている大阪の新世界や、外国人観光客も多く訪れる新宿ゴールデン街のようなイメージですね。

横浜らしさを活かすなら、老朽化で将来的には取り壊しの話も出ている**㉝横浜マリンタワーを、民間の力でディープエリアに移設**してもいいかもしれません。漫画『鉄コン筋クリート』の宝町のような空間になれば、横浜の新たな名所になるはずです。

昔ながらの商店街といわれる場所でも、横浜橋通り商店街などは個人商店が多く集まっていて今も元気です。一方、伊勢佐木町のイセザキモールはチェーン店が増えてしまい、今はあまり街の独自性がなくなってしまった印象があります。

そうした場所も、街の人たちと議論しながら、復活案を戦略的に練っていかなくてはいけません。

ベイスターズを市民球団に

最後に、私が横浜市長に実現してもらいたいと思っているのが、**㉞ベイスターズを**

横浜市で購入し、市民に株を買ってもらって市民球団にすること、です。DeNAの名前はもう十分に広まったと思いますし、ベイスターズは真の意味で横浜の球団になってもいい時期かと思います。

サッカーのFCバルセロナが市民クラブであるように、ベイスターズが市民のものになれば、行政が後押しできることも格段に増えるでしょう。球団のフロントや社長を公募したり、チームづくりにも市民の意向を反映させることができるようになって、球団が市民にとって心理的に近い存在になるでしょう。市民とも今以上に心を通わせられる球団になるはずです。そうすれば、ベイスターズはより街に根づいた球団として、よりいっそう発展を遂げていくでしょう。

あとがき

時間が限られたなかでの緊急出版だったので、内容がやや雑で大変申し訳ないですが、少しは楽しんでいただけましたでしょうか。

私は横浜DeNAベイスターズの球団社長時代、野球を軸とした横浜の街づくりを行ってきました。ここ数年はさいたま市でも、スポーツを軸にした地域活性化と街づくりを行っていました。

そうやって行政に近い場所で街づくりの仕事を経験したことで、市長の仕事に対しても「もっといろいろなことをしてもらいたいし、もっと市民の心をワクワクさせてもらいたい」「しがらみや保身とは無縁になってほしい」という、これまでにない気持ちがふつふつと湧いて出てくることが多くなりました。そして、「この国の政治のど真ん中を65歳を超えた〝昭和の世代〟に任せたままでいたら、この国は終わるだろう」とも感じています。

私には社会を変えるような高潔な使命感はありません。私は正しい人間でも清廉潔白でも人格者でもありません。でも「今の政治ってまったく楽しくないよな。信じられないよな」という感覚は人一倍持っています。

ただし、政治家になることにはまったく興味がありません。

「横浜の街」に興味があるだけです。

本書でも書いてきたスポーツを軸に行う街づくりの仕事は、DeNA本社のゲーム関連の仕事よりも私の性に合っていました。ゲームの仕事も、新たな文化や雇用を作れるという意義がありますが、それはゲームを好きな人がやればいい。私は「ゲームをするよりも外で遊んだほうがいいんじゃないの」と思う人間です。

一般生活者の近くで、お客さんの顔が見える仕事をするのが好きです。

何より世の中を楽しませたり、騒がせたりすることが大好きです。

横浜市は私が生まれた街であり、若い頃に遊んできた街です。そして横浜DeNAベイスターズの初代球団社長として、5年間仕事をしてきた街でもあります。

横浜は私がそこで生まれ、私を育ててくれた街です。

横浜DeNAベイスターズの球団社長のときは精神的にも若かったので、会社のすべての事業に自分が関わり、すべてを自分で見ようとして、睡眠時間も削って働き続けました。球団社長を辞めたとき、心も身体もとにかく疲れ切っていて、何人かの名医に身体を診《み》てもらったら、毛細血管がかなりボロボロの状態だったらしく、「池田さん、このままこういう仕事を続けたら死ぬよ。まだ病名が出ていないけどそのうち出るよ。3年くらい休みなさい」と言われました。

横浜DeNAベイスターズの社長退任後は、結果的に5年くらい充電することになったので、今は本当にピンピンしていて元気です。

市長選のゴタゴタに巻き込まれていることには今も憤りを感じています。でも結果として横浜の街のこと、街づくりのことを、横浜DeNAベイスターズ時代のとき以上に深く考えるきっかけになりました。

私がいま横浜のためにできることとは、自分のアイデアで人を楽しませ、ワクワクさせることです。それに一人でも多くの横浜市民の方々と一緒に横浜の未来を考えることです。

市長選の直前に、政治の世界のド素人がそんな意味不明な行動を起こすことで、横浜の政財界には怒る人がたくさんいるでしょう。ときの政権も「こいつは何なんだ」と怒るかもしれません。

それでも、そんな事態を想像するとワクワクする自分もいます。私はよく身内からも「付き合わされるほうは理不尽だ」と文句を言われ、からかわれます。自分でもある意味でメチャクチャなことをやってきた人間だとも思います。

ですが、これからも「保身」や「しがらみ」にだけは囚われずに、自分のやりたいことをやっていくつもりです。

批判されるのが怖くて言いたいことを言えない人や、闘わなければいけないときに闘えない人があまりにも多くなってしまいました。私は本当のことを素直にストレートに表現し続けられる人間であり続けたい。そうすることが、私にとって「正々堂々とした生きざま」だから。

この本で、「子どもに説明できないことはしない」と何度か書いてきましたが、「なんでこんな本を書いたの？」と子どもに聞かれたら、私は「横浜が生まれ育った街だからだし、やりたかったからやったんだよ」と答えると思います。

「やりたかったからやった」は答えになっていないかもしれませんが、子どもはそれで腑に落ちると思うし、子どもが「自分もやりたいことをやろう」と思ってくれればそれでいいと思っています。

今はカジノじゃなくてコロナだろ——。コロナ収束後に横浜市民みんなの生活が元通り復活することを考えるのが、市長や政治家の仕事だと私は思います。この横浜が、「子どもに説明できないこと」ができるだけ少なくなる街になることを心から願っています。

横浜は生まれ育ててもらった街だから。

さあ、次は横浜で何をしようかな？　今日から本気で考えます。

六月吉日　池田 純

横浜☆（☆と書いてラブと読む）

[著者紹介]

池田 純（いけだ・じゅん）

1976年1月23日横浜市けいゆう病院、星川生まれ。横浜市立いずみ野小学校、藤沢市立第一中学校、県立鎌倉高等学校、早稲田大学卒業後、住友商事、博報堂勤務などを経て2007年に株式会社ディー・エヌ・エーに参画。2011年横浜DeNAベイスターズの初代球団社長に就任（35歳での球団社長就任は当時、球界で最年少）。2016年まで5年間社長を務め、コミュニティボール化構想、横浜スタジアムの友好的TOBの成立をはじめさまざまな改革を主導した。観客動員数も、2011年の110万人から194万人へ大幅増加させ、球団は5年間で単体での売上が52億円から110億円超へ倍増し、黒字化を実現した。退任後はスポーツ庁参与、明治大学学長特任補佐、Jリーグ特任理事、日本ラグビーフットボール協会特任理事などを務めた。2019年3月、さいたま市と連携してスポーツ政策を推進する一般社団法人さいたまスポーツコミッションの会長に（～2021年6月）。2020年3月、B3リーグさいたまブロンコスの経営権を取得し代表に（2021年6月退任）。また、世界各国130以上のスタジアム・アリーナを視察してきた経験をもとに「スタジアム・アリーナミシュラン」として、独自の視点で評価・解説を行っている（https://plus-j.jp/）。著書に『空気のつくり方』（幻冬舎）、『しがみつかない理由』（ポプラ社）、『スポーツビジネスの教科書 常識の超え方』『横浜ストロングスタイル』（文藝春秋）など。

横浜改造計画2030

2021年7月27日 初版第1刷発行

著　者　池田 純
発行者　揖斐 憲
編　集　高橋聖貴、古澤誠一郎、岩崎貴久
装　丁　坂本龍司（cyzo inc.）
DTP　一條麻耶子
発行所　株式会社サイゾー
〒150-0043 東京都渋谷区道玄坂 1-19-2-3F
電話 03-5784-0790（代表）

印刷・製本　株式会社シナノパブリッシングプレス

ISBN978-4-86625-143-1